ミニマリスト日和

絵・文　おふみ

はじめに

かわいいものが大好き。もらえるものはもらっておこう。もったいないから取っておこう…


そんな風にわたしは元々、ものをたくさん持っていた「マキシマリスト」でした。

お部屋にどんどんものが増えていって、メンテナンスも掃除も行き届かず、ホコリにまみれた部屋で暮らしていました。


溢れたものに目が慣れて、ものが増えてもなんとも思わなくなる。

でも、目に入ると心のどこかにストレスが溜まっていく。

掃除や家事が大変で、エネルギーが奪われる。

イライラして夫との喧嘩も多くなる。

ものが多すぎて、今より狭い家には引っ越せない、と思い込む。


広い家に住むために、高い家賃を払う必要があるので、フルタイムで働き続けないといけない、という不安。

自分には手に負えない量のものに囲まれて、人生が停滞していたなと思います。

よろしくお願いします

シンプルに暮らしたいと思い立ち、断捨離中。
「本当に好きで、これをボロボロになるまで使いたい!」
と思うものは買い替え・買い足しOKというルールの下、
持ち物や本についての絵日記をつづっていきます。

ものの管理に手間取られる暮らしが嫌で、

「身軽になりたい」と切実に思い、持たない暮らし・ミニマリストを目指すようになりました。

所持品は最小限にして、暮らしに必要な経費も最小限にして、いつでもどこへでも引っ越せるくらい身軽になりたい。

わたしがものをどんどん捨てていくと、同じくマキシマリストだった夫も影響されて、持たない暮らしに興味を持つようになりました。


徐々にものを捨ててはいましたが、なかなか「身軽」と言えるまでにはものを減らせずにいました。

ほぼ日手帳に断捨離日記をつければ、毎日部屋がスッキリしていくのでは？ と思って始めたのがこの絵日記。


日記を書き続けることで「自分にとって、家族にとって心地よい暮らしとはどんな風だろう？」

と、毎日考える時間を持つことができました。

本書が、ものについて、暮らしについて考えるきっかけになればこの上ない喜びです。

ミニマリスト以前の部屋

引っ越し前の部屋の状態。たくさんのバッグや帽子が壁にかかり、衣類は脱ぎっぱなしのままソファに。家事に追われ、無数の「～しなければ」にも追われる。休日はだらだらと時間を過ごし、夫婦喧嘩も多かったです。

身軽になりたい

もともとマキシマリストだったわたしが「身軽になりたい」と思うようになったきっかけは、とあることがきっかけで「会社を辞めたい」と思ったのが始まりでした。持ち物を最小限にして、暮らしを維持していくのに必要なお金を最小限にして、いつでもどこへでも引越せるくらい身軽になりたいと思いました。「少しくらい無職になっても大丈夫」と思えることが心の支えでした。体の芯に小さな火が灯っているみたいに「身軽になりたい」という思いがいつも燃えていました。その後、会社内での悩みが解消されて、今は以前のようなストレスなく働けていますが、「身軽になりたい」という思いは今も自分の基盤になっています。

絵日記の制作風景

おふみが絵日記を描いているのは、「ほぼ日手帳」。日記代わりに日々の雑感、断捨離、旅行記などを綴っています。ここでは、その制作風景をご紹介。

カバーを選ぶのも「ほぼ日手帳」の楽しみ。リビングの額装同様、手帳のカバーもミナ・ ペルホネンの「hana hane」を選びました。

文字はrotringのTikky Graphic 0.1mm。細かい線はSTAEDTLERのpigment liner0.05mm。色を塗るのは呉竹のZIGクリーンカラーリアルブラッシュを使用。

鉛筆で下書きをした後、彩色。色のセレクトは直感で、どんどん塗っていきます。文章も含めて、２時間ほどで１記事が完成します。

目次

我が家の間取り

2DK 44㎡

夫婦2人暮らし

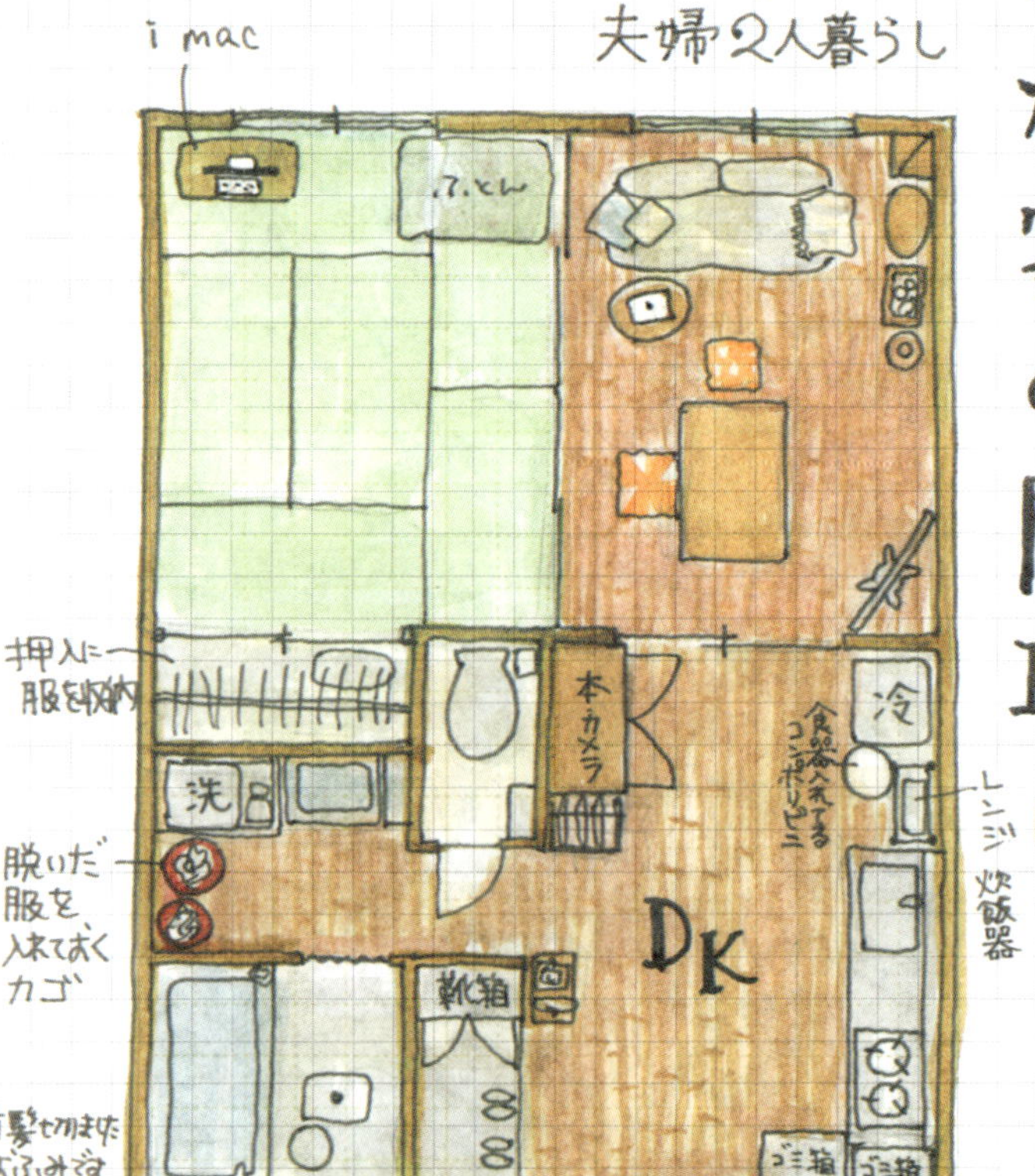

収納らしい収納が、和室の
押入しかないおかげで
断捨離もはかどりました。

ミニマリスト夫婦の部屋紹介

78㎡から44㎡の2DKへ引っ越したわたしたち。
相談しつつ断捨離を進めて、目指したのは
ムリしすぎずものを減らした、かわいい部屋。

{ Living }

ソファ、ローテーブルを中心にしたリビング。ソファも、テレビも生活に欠かせない必要なもの。ローテーブルは30年ものです。

わたしがイラストを描くテーブルは、こたつにも変身。夫婦２人でちょうど入れるコンパクトサイズ。寒い地域には欠かせません。

壁には、掛け時計、リース、そして大好きなミナ・ペルホネンの手ぬぐいを額装。大好きなアイテムで「自分の部屋感」が出ます。

{ Bedroom }

和室は、寝室として使用。寝る時は布団を出してここで寝ます。
他にもアイロンをかけたり、何もないからこそ自在に使用。

{ Decoration }

ミニマリストと言っても、飾りも楽しみます。ひこにゃんは、守り神のように掛け軸に鎮座。玄関にもグリーンを飾って、安らぎを。

{ Closet }

和室にある押入れは、この部屋の唯一の収納スペース。左側がわたし、右側を夫がクローゼットとして使用しています。

{ Storage }

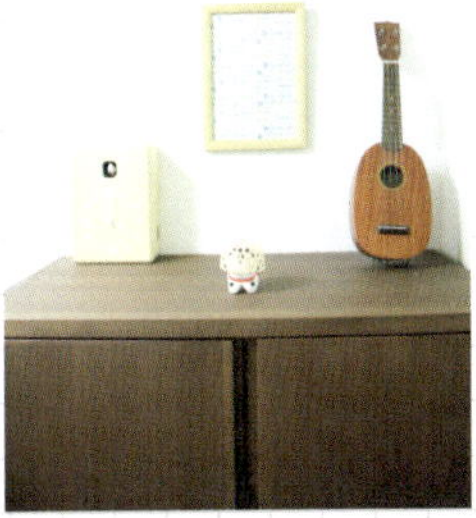

棚の中には、画材やアクセサリー、バッグや帽子など大きめのアイテムを収納。棚の上に厳選した雑貨だけ。ウクレレもこちらに。

{ Bathroom }

夫婦で、アレッポの石鹸ひとつで頭も身体も洗うようにしたことで、すっきりしたお風呂。ラックもなくなり広々。掃除もしやすいです。

{ Kitchen }

数々の試行錯誤を経て、辿り着いたキッチン。水切りカゴは置かず、食器も必要最小限だけ。主に料理の得意な夫が腕を振るいます。

column

＊

ミニマリストの定義について考える

ミニマリストという言葉は、最小限主義を意味する「ミニマル・ミニマリズム」から派生した言葉です。ミニマリストとは、一言で言うなら、最小限主義者。断捨離して、ものを減らして、部屋はガラーンとしていて……そんなイメージでしょうか。

じゃあ、部屋に布団と小さな机だけあればミニマリストなの？　寝袋暮らしじゃないとミニマリストとは言えない？　テレビがあればミニマリストじゃない？……ものの数選手権で、持ち物数が○○個を下回るとミニマリストと名乗れるのでしょうか？それはちょっと違う。

基本的には「できれば増やさずに減らしたい」という思考だけど、皆が皆、極限まで減らしたいわけではない。ものの管理能力、何に思い入れがあるか、どのくらいの量を適量と思うかによって、必要なものの量は人それぞれ。わたしは、「ものの量を適量に保つことで、生活が快適になるよね」と考えている人がミニマリスト、だと思ってます。

Part 1

ミニマリストを目指して

あえてほぼ日手帳を購入した理由

年始の帰省の際、ふらりとロフトに立ち寄りました。賑わう手帳売り場を横目に別フロアに向かおうとすると、わたしの大好きなミナ・ペルホネンの表紙が目に飛び込んできました。まあ、かわいらしい!! でも、手帳は3年ほど前に断捨離したし、今さら持つ必要ないよな～。そして、立ち止まって、ふと考えた。「ミニマリストを目指す断捨離絵日記をつけてみては?」と。持ちものの断捨離を進めるために、あえて手帳を持ってみることにしたのです。

というわけで、人生初の「ほぼ日手帳」デビュー! スケジュール管理には、まったく使用してません。外出時は持ち歩かないし、完全に絵日記目的です。気分が盛り上がって、そのまま画材売り場へ。呉竹社のZIG クリーンカラーを大人買い、30本お買い上げ。ついでに、Rotring Tikky Graphic 0.1mmも購入。ふと我にかえる。あれ、消費ばかりしてないか…?

これはミニマリストに近づくための投資だから、いいの。と、言い聞かせました。

ほぼ日手帳

mina perhonen

Macbook用CASE

DELFONICS

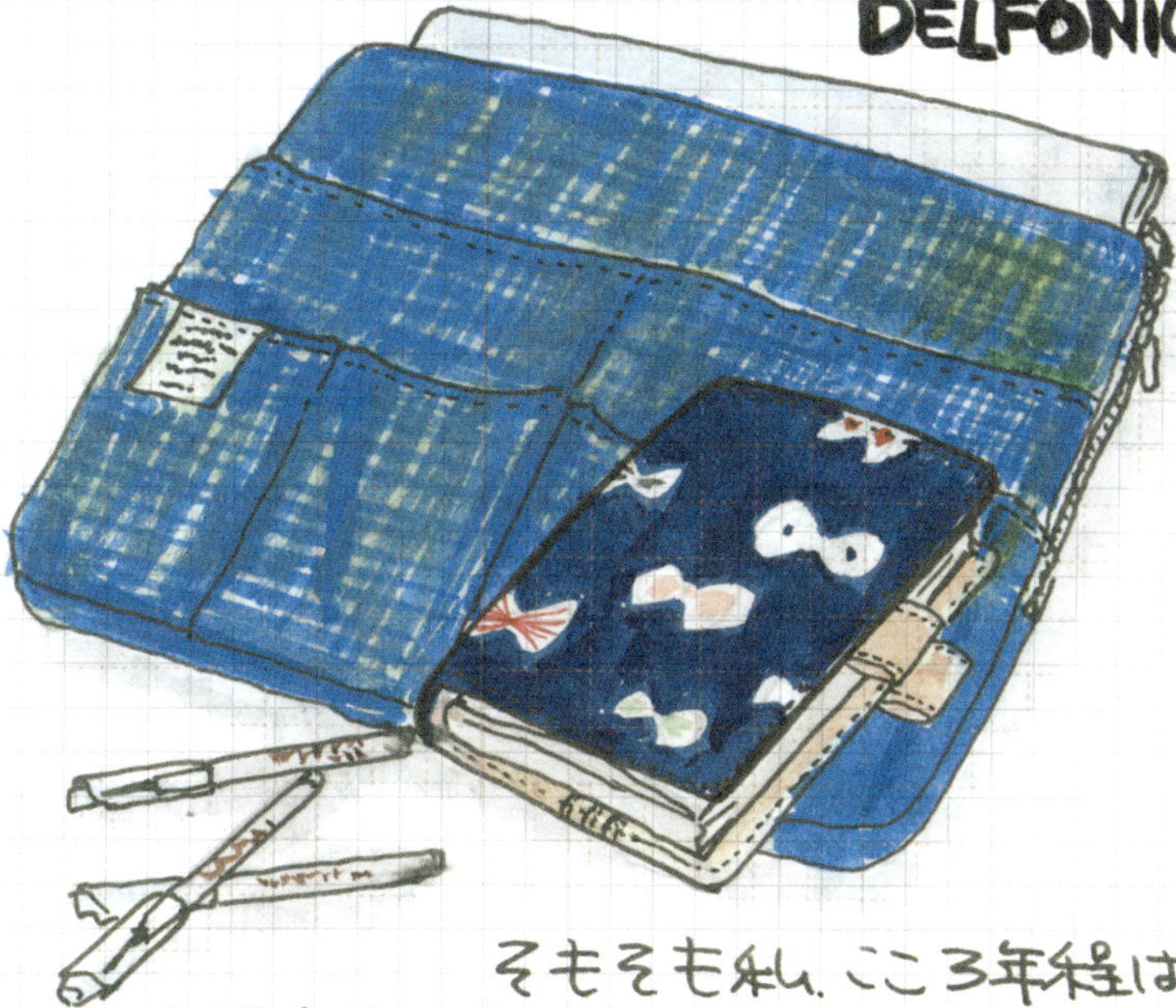

そもそも私、ここ3年程は
手帳自体、持つ習慣がなくて、手帳を
買うつもりは今年もなかったのですが、
ミニマリストを目指すにあたって、断捨離日記でも
つけてみようかと思い立ち、購入しました、初ほぼ日!!
デルフォニクスA4ケースはmacbook Pro 13 inchにぴったり♡

リビングの収納を整理して棚を1つに

リビングにある2つの棚。この中に、帽子、カバン、公共料金の明細や年賀状、文房具や絵の具などを収納していました。

こんなに棚がいるかしら? 1つ棚を減らしたいと思いました。ということは、中身を1棚分減らさないといけない。

普段使う2つを除いて、使わないカバンは「いつか捨てるボックス」(今すぐに手放す勇気の出ないものを放り込むボックス。しばらくしても使わなければ、手放します)に入れました。

数年分の公共料金の明細、インテリアショップや家具のカタログも捨てました! 手強かったのが、ムーミンのマグカップが入ってた箱など「かわいい箱」。何か収納するのによさそうと思い戸棚にしまって、細々した雑貨を入れがち。意外と場所を取るので、捨ててスッキリ。

ノベルティでもらう筆記具たちも断捨離。書き味が微妙で、使う気が起きませんでした。そして、晴れてオープン棚を断捨離しました。大物を処分すると、達成感がありますね。本当に心地よいです。

リビングの収納を整理しました

両開きの戸棚なのでホコリが入りません。ウォールナットです。

断捨離したいもの

棚から出して「いつか捨てるボックス」に入れました

捨てたもの

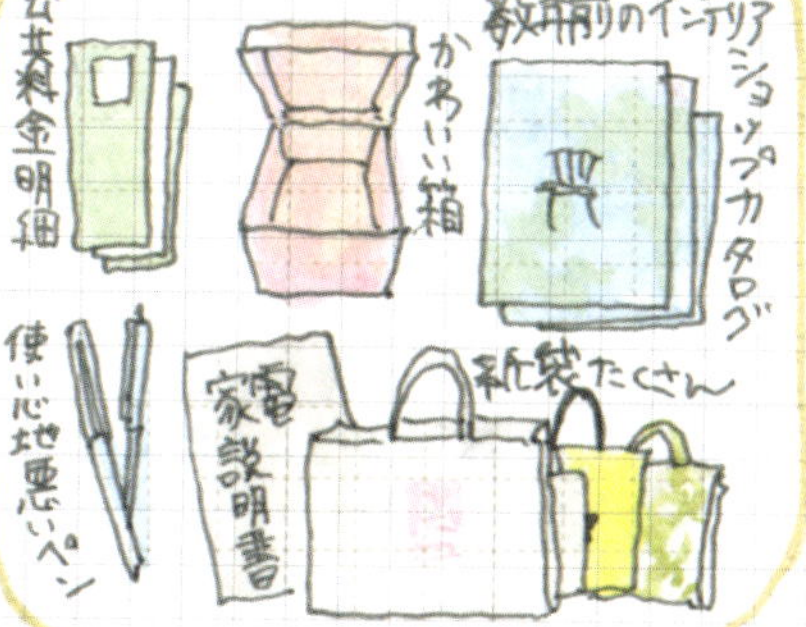

ミニマリストのかばんの中身って？

仕事用かばんって、気を抜くと、ものが集まってきます。給与明細やら出張先の路上でもらうティッシュやらお茶やら、年金定期便など……。

わたしはクルマ通勤なので、かばんを持ち運ぶのは2～3分くらい。かばんを持つ時間が短すぎて、無駄なものを入れているという事実を忘れがち。

しかし、かばんの中を見るたびに「無駄なものが入ってるな」と思う、それがノイズでした。

というわけで、これまで使っていた大きな容量のかばんをやめ、半分の大きさのバッグに変えました（結構、思い切った）。

そして、かばんの中には、お弁当箱、iphone、イヤフォン、お財布、お買い物用ミニバッグ、エコバッグ、エチケットブラシ、リップ・口紅、目薬、ペン、鍵、薬しか、入れないことにしました。これでもちょっと多いかな～。出張時しか使わないエチケットブラシを毎日持ち運んで、一体何になるの？

財布はアブラサスの旅行財布に新調。薄い財布なので、レシートをこまめに整理したいです。

ミニマリスト的カバンの中身

これ以外持ち歩きません。サイフが大きいのが気になりますね。

実家から持ってきた食器を断捨離

1人暮らしを始める時に実家から持ってきた食器たちを断捨離しました。働き始めで自由に使えるお金も少なく、いいも悪いもなく使うしかなかった食器たち。少しずつ好きなものを揃えられてきたので、ここらで手放すことにしました。

ところで、実家の食器って、なんとも言えない「実家感」があふれ出してませんか？　謎の桜のプリントのお茶碗や湯のみ、これ、わたしの実家でも旦那の実家でも使っていました。親の世代の好みなんでしょうか。どこで買うのかな？

「そんな食器も友人が遊びに来た時に使うのでは？」と思うかもしれませんが、これがぜんぜん使わないんです。友人が家に遊びに来るとなると、やっぱりちょっとかっこつけたくなっちゃうんですよね。友人にはお気に入りの食器で食事を出したいな〜と思うと、実家感あふれる食器はやっぱり出さない。もちろん、普段も使わない。

そんなわけで、長らく食器棚の肥やしになっていましたので、ここらでさようならです。

断捨離したもの

謎の花柄食器は、私の実家にも
旦那の実家にもあったのでした。

いかにも「100均」な、
主に謎の花柄が
プリントされている食器たち。
溢れ出る
「実家感」

実家から持ってきた食器

一人暮らしする時に、実家の食器を持ってきていましたが、
少しずつ好きなものをそろえられてきたので、さようならしました。

空色のタオルで洗面所がさわやかに

わたし、タオルジプシーでした。フェイスタオルは、お風呂上りに体を拭くのに、1枚じゃ微妙に足りない。2枚だとちょっと余分。でも、頭に巻いて髪を乾かすなら、やっぱり2枚必要。で、バスタオルはどうか？　1日当たり1人1枚でいいよね。でも、肉厚で大きく、洗濯して乾くまでとても時間がかかります。わたしの住む街は雪国。バスタオルが乾くまでに1週間。乾く前にカビるんでは？　そんな不安にさいなまれます。

いいサイズ感で乾きやすくて1枚で済むタオルないかなーと探していたら、SCOPEの青空のタオルに出会いました。今治タオルで、軽くて薄いのに吸水性抜群。色は薄水色〜紺色まで、すべて空色の5色展開。干してる時も畳んで洗面所に置いてある時もすごく綺麗。そして、何より、サイズ感が絶妙！　1枚で体を拭いて、濡れた頭に巻いておくのにぴったりのサイズ。すぐ乾くので、冬に外干しできない雪国でもバッチリ。

おかげで、ペラペラのフェイスタオルを断捨離できました。

干した時にキレイでホレボレ♡♡
バスタオルより小さくて乾きやすく
体をふくのにピッタリ
サイズ！
小さすぎず
大きすぎず絶妙。
Scope
1000
340mm
青空の
タオル（フェイスサイズ）

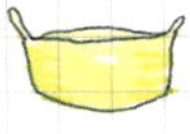

「いつか捨てるボックス」で断捨離気分

いつか捨てるボックスを活用してます。この断捨離ハックは、敬愛するミニマリストブロガーmalzackさんのブログで紹介されていた方法です。捨てたいけど捨てられないものをポンポン放りこんでいきます。

　わたしの場合は、リビングの床の上、いつも目に入るところにTUBTRUGSの浅めのバケツ（ボックスじゃないね、バケツだね）を置いてます。中に入ってるのは、気合いを入れて何か行動を起こさないと処分できないものばかり。これを目の前に置いておくと、「もう価値があるとか、ヤフオクに出せば良い値がつくかも…とかそんなことどうでもいいかな？　リサイクルセンターですべて放り投げてしまいたい!!　スッキリしたいよー！」って気になります（笑）。

　しかし、価値あるものを捨てるのはためらわれるので、結果的にヤフオクに出すぞって、やる気につながります。

　次の休みは、このボックスの中身を処分しよっと！　やる気が出るので、おすすめですよ。いつか捨てるボックス。

断捨離した気分

「いつか捨てるボックス」活用!!

捨てたいけど捨てられないものを放り込んでいくBOX.

それなしで暮らせるようなら捨てる。

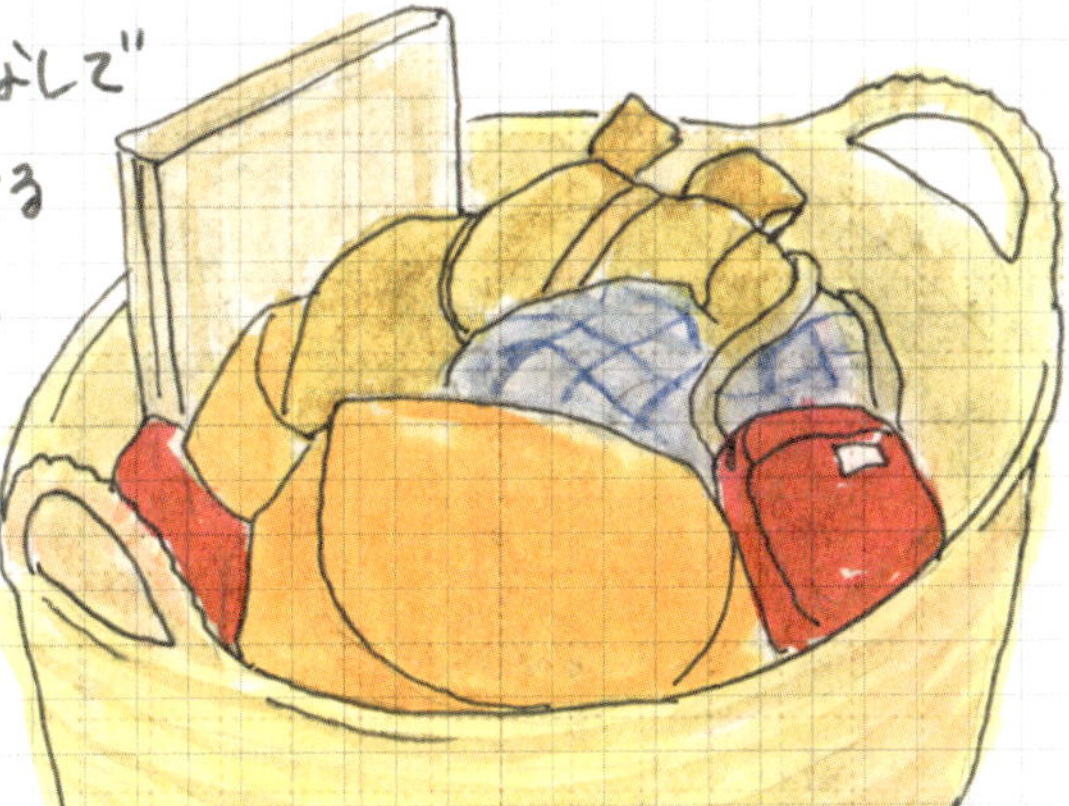

捨てたいけど捨てられないものを、ポンポン放り込む。TUBTRUGSのバケツに。

敬愛するミニマリストブロガーmalzackさんが断捨離ハックとして紹介していたこちらの方法。必要になったら取り出してOK.しばらくこのボックスに入れっぱなしで暮らせたら、それが必要ないことがわかります。期限を区切らなくても、必要ないと分かれば自然と手放せます。

捨てづらいものは人に捨ててもらう

思い出の品って、手放すのを躊躇します。よい思い出であればあるほど、役に立たなくてもかわいくなくても、意味不明なものでも、手放しがたいもの。

昨年秋に、夫婦で高知に旅行にいきました。その時、坂本龍馬で有名な桂浜で旦那と2人で拾った「きれいな石」も、そんな思い出の品のひとつ。家に持ち帰り、スイーツの空き容器のガラスの器に入れ、リビングの棚の上に飾ってました。

そして、数ヶ月。月日が流れ、部屋の中の無駄なものの断捨離をすすめる中で、ふと目に付いたこの石たち。しかし、思った。「旦那が一生懸命拾ってたし」

ところが、ある日、リビングの棚の石がガラスの器ごとなくなっているではないですか。断捨離に目覚めた旦那が、川に捨てたそうです。

捨てたいけど捨てられないものは、自分以外の人に「捨てるべきか捨てないほうがいいか」を判断してもらうのもいいですね。要る・要らないを2人で検討してもいい。自分だけで悩まずに、人を巻き込んで断捨離。

断捨離したもの

旅行先でひろったキレイな石

高知の桂浜で
旦那と2人で、
キレイな石を競って
ひろい見せ合いました。
旦那が無邪気に
石をひろう姿が
目に浮かび、
思い出深くて
なかなか手放せず…

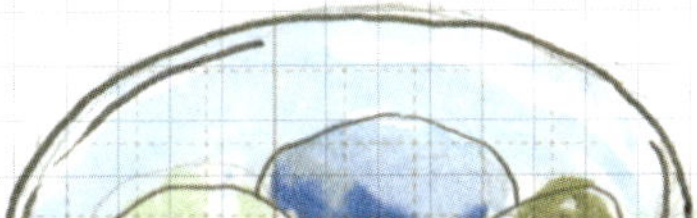

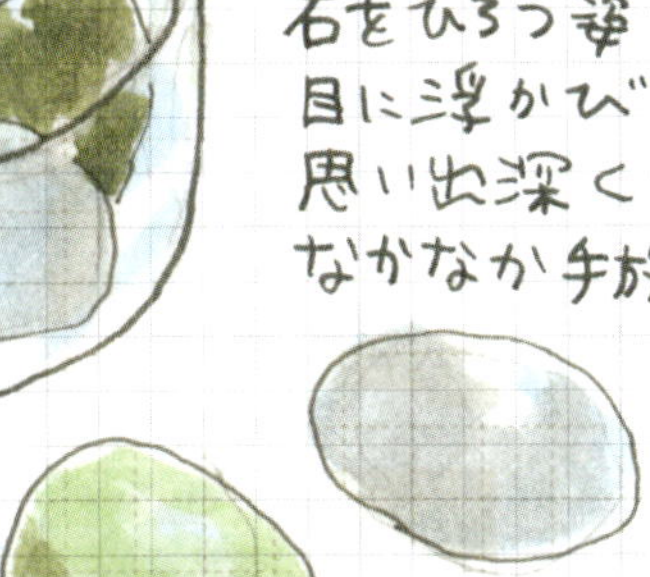

リビングの棚の
上に置いていたの
ですが、ある日断捨離に
目覚めた旦那が、あっさり
処分してくれました。
川に捨てたそうです。

新しいものを迎え入れるためのスペース

断捨離したもの。長らく着てなかった服をリサイクルショップに売却。ジャケット、スカート、ストール、パーカーなど、もろもろ売って、243円！（笑）

いつもはものを捨てると心がスッキリするのですが、今回はなぜだか胸が痛みました。高校の時によく着てたジャケット。高校を卒業する頃に初めて手作りしたスカート。大学の時、フリマで買ったmysticの変形スカート。旦那と初めて2人で行った京都で買った赤いストール……。その服を着てた時の思い出ごと手放してしまったようで。

でも、そんなのは気のせいで、使わないものをとっておいてもしょうがない。使わないものは、死んでるのと同じ。新しいものを取り入れるには、新しいものを迎え入れるスペースが必要なはず。そしてそのためには、手放すべきものたちだったのは間違いない！

思い出は、脳みその引き出しにちゃんと仕舞われてるはずなので。さ、今の自分にとって本当に着たいと思えるものを探しに行こっと！

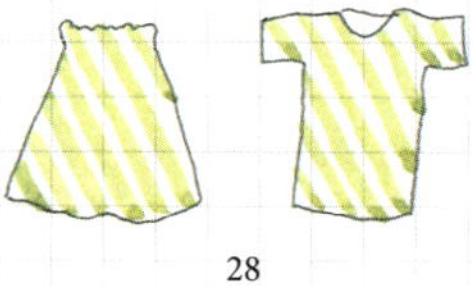

断捨離したもの

長らく着てなかった服を売却

もう数年来着ていない服を断捨離。いつも物を捨てるとスッキリして気持ち良くなるのですが、今回は胸が痛い…高校・大学のある時代たくさん着た服ばかりだったので、当時の思い出も一緒に手放してしまった気がして…でもそんな事はないので!!! うん!!!

ハイエースいっぱいの 130kgの ゴミを捨てました

普段からこまめに断捨離してたつもりでしたが、
いざ引越作業してみると、「どこにこんなにためこんでたの？」
と言う程ゴミが出ました。収納家具を手放し、
その中身を捨て、着ない服、お気に入りでない食器、
使ってない文具、クツ…。せまい部屋に移ったことで、
物を収納するには工夫が必要になったけど、「手間を
かけてまで持ってたいか？」と考え、断捨離がはかどりまくりました。

引越で手放したモノ

ダブルベッドとマットレス、ダイニングテーブルとチェア、
スリッパラックとスリッパ、本棚とその中身達、
電気ヒーター、2セット持っていたアイロン台とアイロン、のれん、傘、ゴミ箱…

「ないと暮らせない」と思い込んでたけど、なくても
問題ないものばかり。買い戻したものはなかった。

物のために家賃を払うのはもう終わり

78㎡の家から、44㎡の家に引っ越しました。2人暮らしには広すぎる家が嫌で嫌で……手入れや掃除の手間が無駄だし、ものを管理するために大きな部屋の家賃を払っているのがもったいない。身の丈にあっていて、管理の行き届くサイズ感の部屋に移りたいと思ったのが、今回の引っ越しの動機。

前日までほぼ何の準備もできていなかったので、夜中2時まで断捨離ナイトしました。収納家具もその中身も断捨離！　要らない服、履かない靴など、捨てて捨てて、ゴミ袋13袋。その総量は、なんと130kgでした。どこにこんなにしまいこんでいたのか……。

部屋が小さくなったので、今までなら普通に収納できていたものも、工夫しないと収まりません。「そこまでして持っていたいか？」と思うと答えはノー。

置けないものもたくさん出てくる。椅子生活をやめて、座卓で床座にしたり、布団生活に。

強制的に小さい家に引っ越すことで、断捨離がはかどり、生活をサイズダウンできました。

無事に引っ越ししました

日の光のさんさん入る眺めの良い部屋引っ越せました。2DK.44㎡。
たくさんのガラクタを手放せて、せまい部屋への引っ越しは大成功です。

断捨離で残った器たち、食器もシンプルに

食器をシンプル化しました。前の家では立派な食器棚に収まるだけ食器を入れて、コップが20個もあったり……ちょっと持ちすぎてたと思います。

そして、数があると、洗わなくても次から次へと使えるので、洗い場が食器で溢れるのです。

引越し先の家には、食器棚がありません。シンクの上に洗ったものを干しておける金属製の棚が2段あるだけ。なので、ここに収まるだけの食器で暮らしてみよう！ と思い立ちました。

使わなくなった食器は友人に譲り、断捨離から生き残った器たちは、お茶碗×2、汁椀×2、丼×2、誕生日に友人にもらったスープ皿×1、サラダや副菜を盛る深めの皿×2、大皿×2、木の大皿×1、木のパン皿×2、ココット×2、グラス×2、ワイングラス×2、しのぎの蕎麦猪口的なカップ×2、あとは湯飲み茶碗とコーヒーカップとマグカップが2つずつ。

使いやすい×よい思い出が詰まってる×見た目が好き……という条件を満たしているものばかりとなりました。

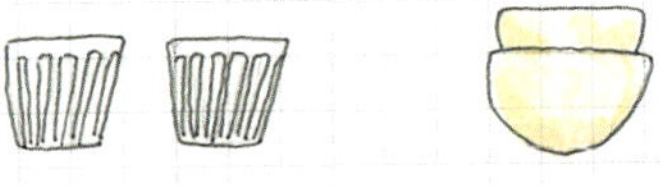

食器をシンプル化

食器棚がなくなり、食器を干す金属の棚があるだけなので、本当によく使う食器だけ残して、あとはカゴに入れて仮断捨離。なしで暮らせたら、カゴの中身は手放します。

「贈り合い」という習慣を断捨離

夫と付き合ってから、誕生日やらクリスマスの度に、お互いにものをプレゼントしてきました。でも、何年も贈り合ってるとネタ切れしませんか？　各イベントのプレゼントの手配って、結構大変な作業なんですよね。

そこまでするものなのに、数年経って趣味が変わった時に捨てづらい。そして何より、断捨離を進めて、お互いに欲しいものがそんなにない。必要なものしか欲しくないし、服とか靴とか、趣味性の高い消耗品は欲しいものもあるけれど、それこそ趣味が変わりやすく、自分で買いたい。パートナーに贈ってもらいたいものはもうないと気づきました。本当に欲しいものなら自分の意思で選んで買ったほうがいいな、という意見が一致したので、お互いに高価なものを贈り合う習慣をやめました。

その代わり、晩御飯は夫の好きなメニューを作り、苺をぎっしり上乗せしたケーキを用意して、お祝いしました。ささやかですが、これが我が家の誕生日のお祝いです。夫も喜んでくれて、楽しく過ごしました。

夫婦間での誕生日プレゼント贈り合いという習慣を断捨離しました

夫の好きなメニューの晩ご飯がプレゼント。(和風ハンバーグ)
買ってきたショートケーキの上に苺をぎっしりのせて
お祝い。お互いもうそんなに欲しいものもないし、
無理に高価なもの贈り合うこともないかと思って
贈り合いやめました。

水切りカゴは、なくても問題ない

水切りカゴがあることで、逆に不便になっていたキッチン。カゴ自体の使い勝手は良かったのですが、引っ越してキッチンがせまくなり、水切りカゴがあると小さなまな板をやっと置けるだけの調理スペースしかとれず、料理がしづらくて…。調味料を混ぜたボールを置くちょっとした場所もなければ、洗った野菜を入れた器を置いておく場所も、解凍したお肉を置くスペースもない。調理中のボウルを水切りカゴに干してある食器の上に置いたりしていました。

それに、カゴ自体にヌメリ汚れやカビがすぐに生えるのが不衛生。毎日洗うのも面倒で……。

水切りカゴが取ってしまうスペースや手間が、便利さよりも上回ってしまっていたので、カゴ自体を手放すことにしました。

さらに、洗った食器は、シンクの上の金属の棚に伏せておき、乾いたら所定の場所に戻して終わりに。キッチンの上が今まで見たことないほどスッキリ。何もない！　気持ちよい！　調理中のボールの置く場所もできて、ストレスなく料理もできます。

水切りカゴを断捨離

プラスチックの水切りカゴがあることで調理スペースがとてもせまくて料理しづらいのと、カゴ自体に、汚れやカビが生えるのでメンテが面倒でした。手放してふきんに洗い物を干してふいて戻すことにしました。スッキリ。

「ポイントを貯める」行為を断捨離

ポイントカードがぎっしり詰まった長財布は、ボタンが閉まらず。二つ折り財布の時は、カードが多すぎて財布が開き、ほぼ長財布状態になっていました。

財布がパンパンなのが嫌で、カードケースを別に持つようにしました。しかし、これも失敗。わたしはとても忘れっぽいので、必要な時に必要なだけのカードを財布に移しておくのを忘れてしまうのです。そして、ポイントを貯める甲斐性のない自分に落ち込んでいました。そこで、思ったのです。「たまに行くような店のポイントカード、要らなくない？」

いっそカードを持たなければ、ポイントに振り回されることも落ち込むこともない。カードを手放して身軽に、スッキリスマートな財布にしたい!!

思い立ったが吉日。カードとケースを断捨離しました。残ったのは、近所のスーパー、ドラッグストア、クリーニング店、よく行くカフェのカードだけになりました。カードも必要最小限にしぼって、ポイントを貯めていくことにします。

断捨離 したもの

自分が一体何のカードを持っているのか、把握しきれないのもストレスで…。

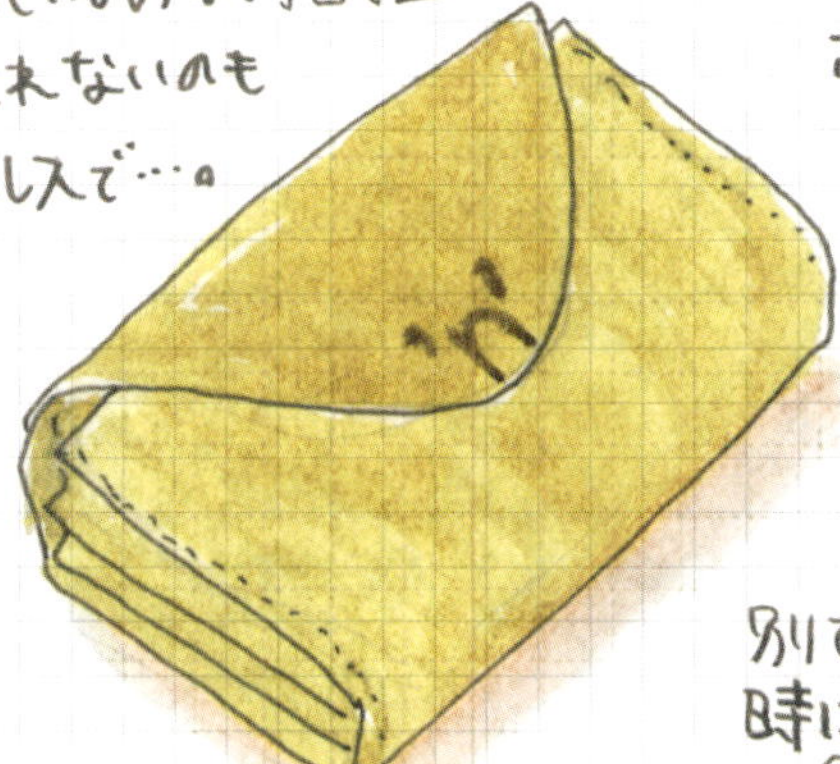

ポイントカードとカードケースを断捨離!! 年に1度も行かないショッピングモールのカードや、家電量販店のカードを手放しました。さいふと別でカードをもってると必要な時にさいふに入れる必要があるけど忘れっぽいわたしはその作業がメンドウ。

POINT CARD と カードケース

ポイントためるとか そういうのもーいいや!と思い、よく行くスーパーとドラッグストアとカフェのカード以外は、断捨離しました。スッキリ♡

友人に物を譲る時に気をつけたいこと

食器の断捨離をして、使わなくなった食器を捨てようとしたところ、友人が食器を欲しいと言ってくれました。服や家具と違って、食器は未使用品でないと買い取りをしてもらえないので、食器を友人に使ってもらえるのは、本当にありがたいです。

タダでもらえるとなると、「いつか使うかも」とか「持っておいた方がいいかも」といった理由で、不要なのにもらってしまうことがあります。過去のわたしがそうでした。そんなふうに手にしたものは、いつかゴミになることが多かったです。

そして、そのものに関する思い出や情報を伝えてしまうと、友人が「いらない」と言いづらい状況を作りかねません。

なので、せっかく引き取ってくれる友人に気持ちよく本当に欲しいものだけを選んでもらえるよう、ゴミを出させてしまわないように、本当に必要かよく吟味してもらうこと、ものにまつわる思い出やウンチクを話さず、フラットにいる・いらないを選んでもらえる環境を作ることに気をつけていきたいと思います。

一人暮らしの友人に譲りました

食器は未使用品でないとリサイクルショップで買い取ってもらえません。もらってくれるのはゴミにならなくて嬉しいしとてもありがたい。

人に物を譲る時に気をつけたいのは、本当に必要な物だけを選んでもらうことだと思います。引き取ってもらった先で、「やっぱり要らなかった」とゴミになっては申し訳ないので、よくよく吟味してもらう必要があると思います。

「自分で作ったということ」は忘れよう

一時期、アクセサリーを自作するのにはまって、いろいろ作ってました。その時は「かわいい!」と思うものの、作ったことに満足して、意外とつけなかったり。そして、引き出しの中で3年ほど眠ってました。今、見返しても、つける気になれず。

でも、友達と一緒にレースを選んで作ったなー、思い出深いし、とっておこうかな? なんて、気の迷いが……。自分で作ったものは、それだけでも思い入れがあって、手放しがたいもの。

捨てるかどうか決断する時には、ものとじっくり向き合い、「必要か否か」「今後も使うか」を考えると思いますが、「自分で作った」という思い出要素は排除しないと判断が鈍ります。近所の雑貨屋さんで買った気持ちで向き合うほうがいいのです。そんな気持ちで判断した結果、断捨離することにしました。

何かを捨てるかどうか迷っていると、「死蔵品」という単語を思い出します。使わずに眠ってるものは、死んでるのと同じ。死蔵品をなくして、使うものだけを手元に置いておきたいです。

自作のアクセサリー断捨離

レースを買ってきて、イヤリングを作ったものがいくつかあって、作った時はかわいい！と思うのですが、結局あまりつけることなく、引出の中で眠ってました。今見返すと、もうつける気になれず…　手放すことにしました!!

買った日にやらなかったものは、やらない

何かを作ろう！　と燃える期間ってあります。湯たんぽを使いたいから、かわいいテキスタイルのカバーを作ろう！　買ったその日のうちに、カバーを仕上げました。情熱が燃えたぎっている間はものすごい勢いで作業に没頭するし、普段はやらない面倒なこともできる。

ただ、これはズボラなわたしにたまに現れる特殊な「情熱期間」で、基本的に持続しません。「余った布でもう一枚カバー作れるじゃん！　布は取っておこう♪」なんて言っても、処女作を作った翌日にはやる気は完全に鎮火しています。1週間経っても、次の休みになっても、1年経っても、やる気が復活することはありません。

この趣味を始めるのにこれだけ出資したから続けるだろうとか、材料があるからもったいないと思っていつか始めるだろうとか、そんなことはないんです。

材料を買ってきたその日、もしくはその翌日に取り掛かれなかった事柄は、その後、一生涯取り掛かる日は来ない。それくらいに考えるようにしています。

断捨離したもの

いつか何かを作るかも、と

椅子張りの余り

スカートか→ショートパンツを作ろうとしていた

←湯たんぽカバーの余り。ポーチとか作ろうとしていた

←スカートを作ろうとした

←椅子張りの余り

ワンピースを作ろうとしてあきらめた→

とっておいた布きれ

何か作るかも、と思ってとっておくこと早2年、何も作らなかったので、いさぎよく処分!!

テレビの床置きで部屋が広々

うちのテレビは47型です。高さ400㎜くらいのテレビボード（という名のただの棚）に置いていたのですが、電源をつけている時も切っている時もテレビの存在感がありすぎて、圧迫感がありました。なんというか、テレビのための部屋、みたいになっているのが嫌でした。

そして、テレビボードには、プリンターや本、DVD、化粧用品の入った籐のカゴなどが収まっていました。そこに棚があるからしまっているだけのもの。

試しに、テレビボードを部屋の外へ出してみました。中のものは、押入れやらキッチンの棚に収めました。本は、本当に必要なものだけにして、スリムアップ。テレビボードがなくても、ものはしまえたのでした。

テレビボードをなくして、テレビを床置きしてみたところ、部屋がスッキリ広々!! 床置きすることで高さが低くなり、テレビの存在感・圧迫感がかなり軽減されました！　予想外でしたが大満足です。テレビのための部屋から、やっと「人のための部屋」になった気がします。

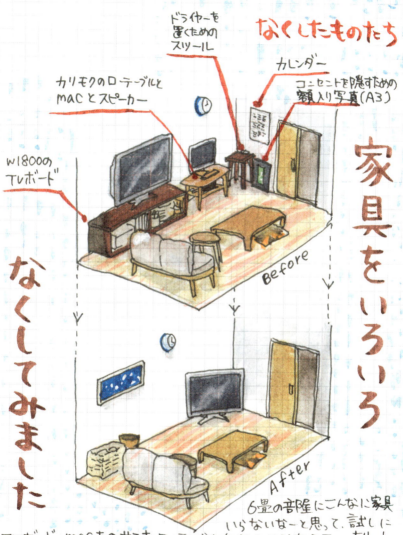

家具をいろいろなくしてみました

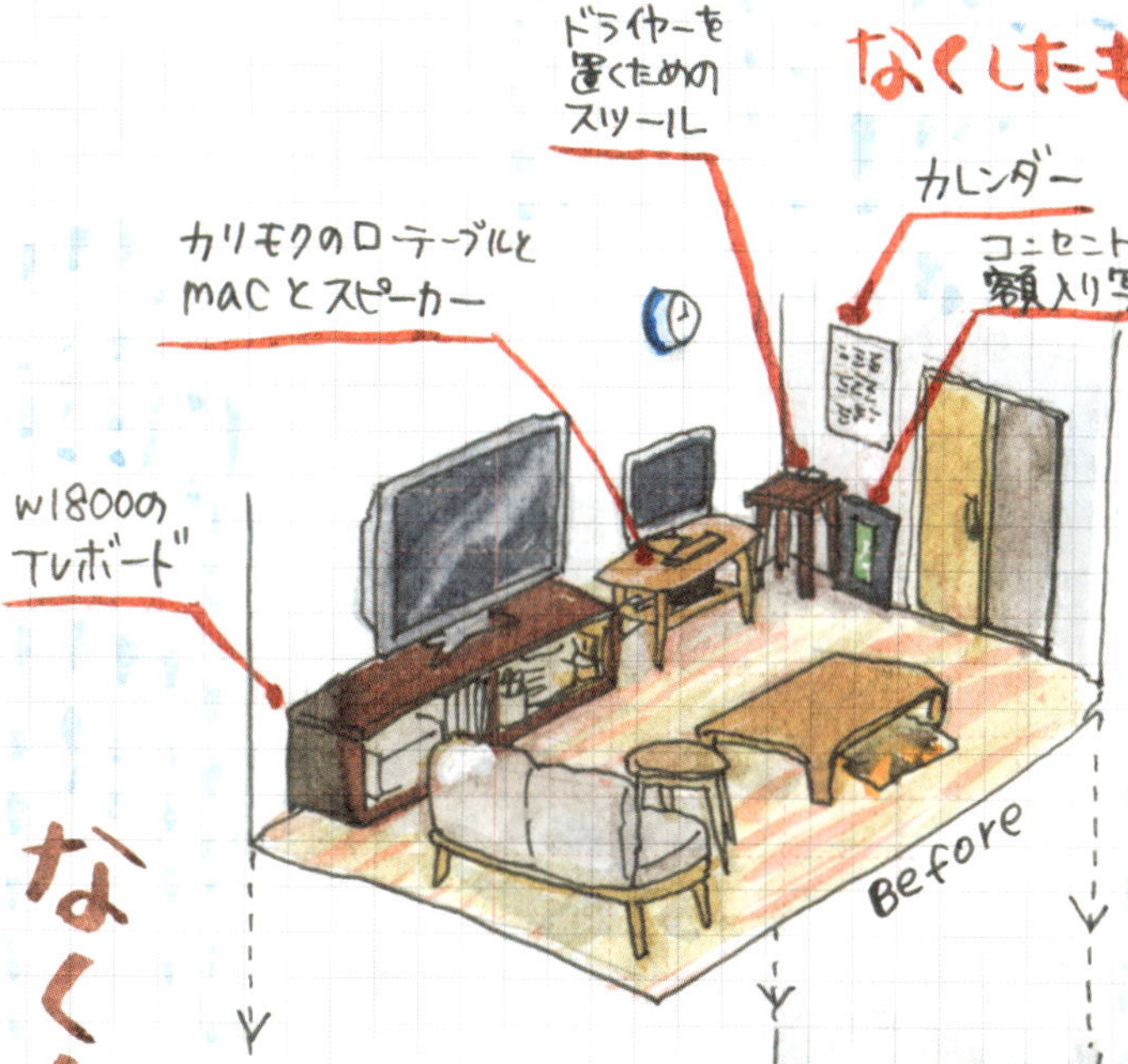

6畳の部屋にこんなに家具いらないなーと思って、試しにTVボード、macをのせてたローテーブルをなくしてみたらスッキリ！なくてもなんなとどこかに仕舞えて問題なし。TVを床に置いたら部屋がガラーンと広々して、大満足です!!

パートナーにも断捨離してもらう方法

我が家は、収納らしい収納が、寝室にしている和室の押し入れだけ。タンスは置きたくないので、押し入れに服を収納しています。押し入れの上の段には備え付けのつっぱり棒があり、ここに夫婦2人の服を吊るしています。

下の段には、ストーブや扇風機などの季節ものの家電や写真も収納しています。すると、服が全然収まりきらない！　服の数を見直す必要に迫られました。

わたしの服も見直しましたが、夫にも断捨離を進めてもらう必要があります。しかし無理強いは禁物。相手のものの勝手な断捨離は絶対にしないようにしています。

そこで、私の大好きなブログのすっきりしたクローゼットの画像を夫に見せたところ、俄然やる気に。ゴミ袋に捨てる服・売る服を分配して、サクサクと断捨離を進め、押し入れに収まるだけの服に減らしてくれました。

人に断捨離してもらう時には、やる気を出しやすいように「目標になる画像」などを見せ、気持ちを高めてもらい、側で応援するのがいちばんかな、と思います。

服を減らしたら和室がスッキリ

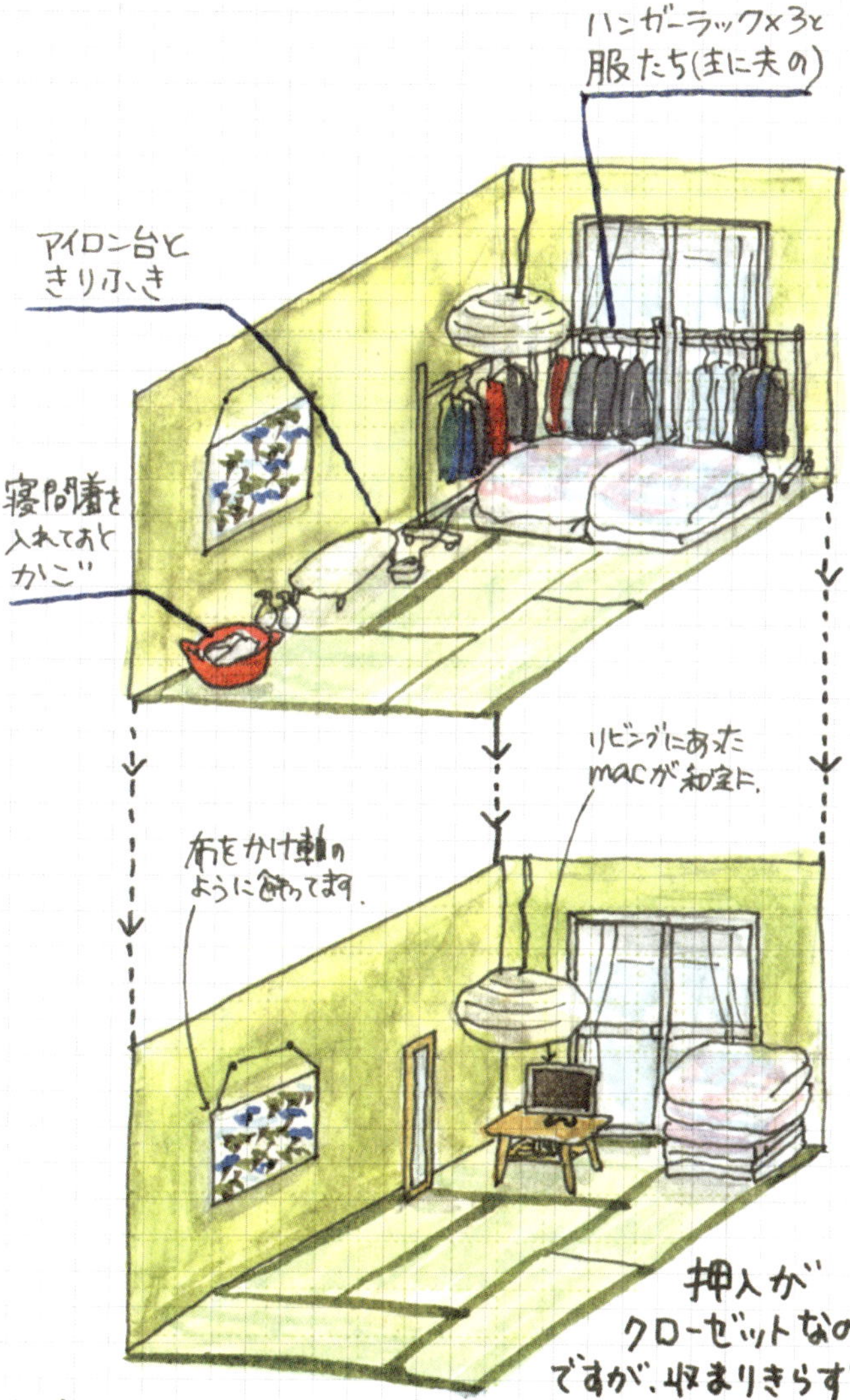

押入がクローゼットなのですが、収まりきらず寝室にあふれ出していました。服の数を見直して収まるだけにしたら、和室がスッキリ!! 気持ちのよいお気に入りの空間になりました。和室でゴロゴロするのがスキです。

物が集まりがちな玄関をすっきり保つ

引っ越した当初は、ものにあふれた玄関でした。文房具を入れた引き出し、その上に鍵を入れた木の皿、夫のパスポート等が入った引き出し、その上に公共料金の請求書やDM、借りてたCD、近所に配る引っ越しの挨拶の品……。これらのものを玄関以外の場所にしまったり、断捨離したりして、一度玄関をリセットしました。

　極端な話、玄関には鍵以外、何も必要ではありません。鍵以外は見た目の綺麗なものを飾るだけでいい。「玄関はものを置く場所にあらず」と考え、美観スペースとして捉えるようにしました。ものを置かないスペースだと認識すれば、あとは普段最も目に付くところへものを移して処理するだけです。これで、ものは集まりにくくなりました。

　帰ってきて一番に目にする玄関がスッキリしていると、テンションが下がりません。これは結構大事で、「さー、家事するぞー」とか「さー、晩御飯を作るぞー」って時のモチベーションを保つ効果があります。玄関、意外と大事なスペースです。

玄関のシンプル化

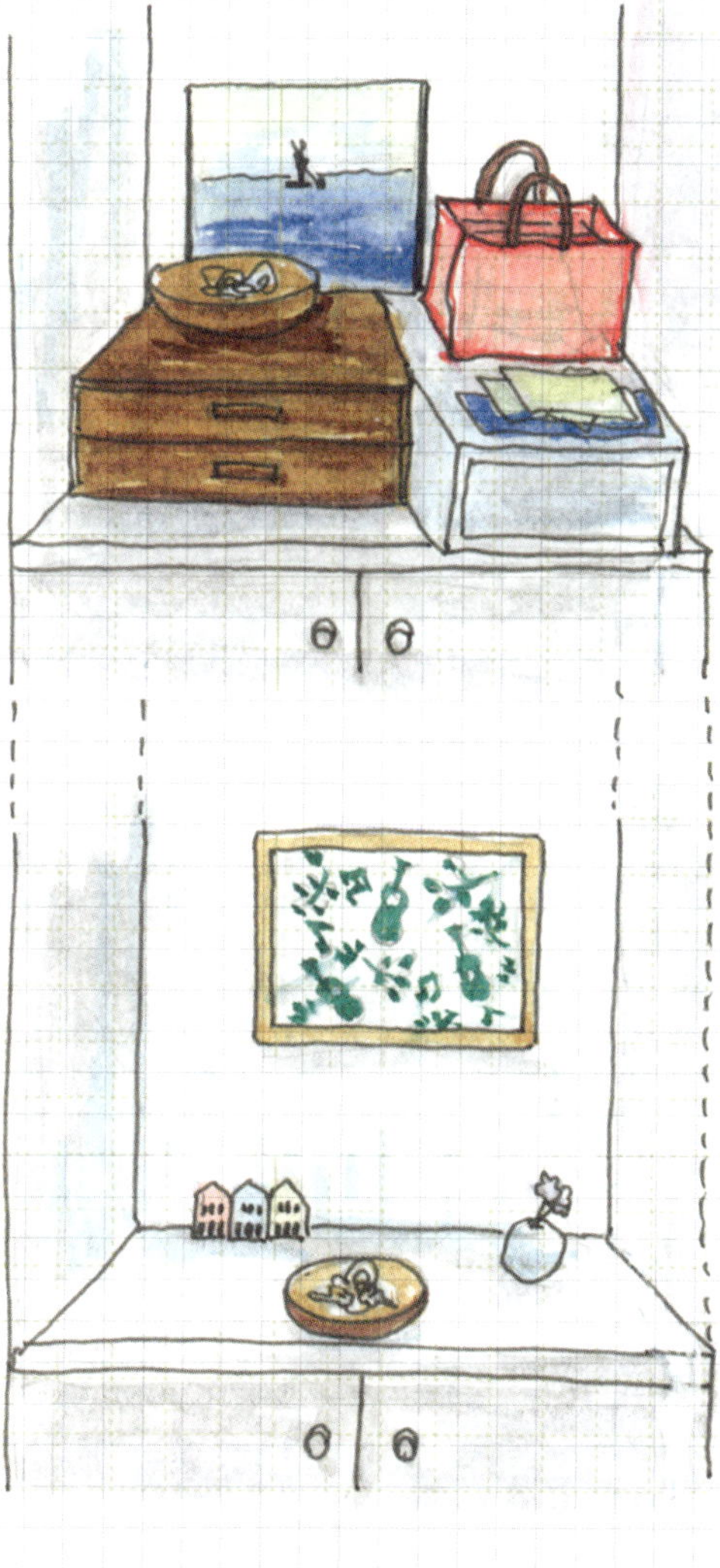

Before

ゴチャゴチャなのに写真を飾ったりして…これでは写真も映えない。

After

木枠に手ぬぐいを入れて飾り、木の皿にカギを入れ、家の形の置き物と一輪挿しを飾ってます。

文房具の入った引出や、紙袋、CD、DMなど物であふれ返っていた玄関。必要最小限のもの以外は置くまい!!と物を置かないように努力しています。

お風呂場スッキリ。ビフォーアフター

引っ越し当初は、シャンプー、リンス、ボディーソープ、洗顔ソープがフルラインナップでお風呂場に並んでいました。シャンプーその他のストックを常に管理しないといけないのが、何より面倒でした。ストックが減るたびにドラッグストアに行かないといけない面倒、数日に1回はどれかの中身を容器に補充しないといけない面倒……。それらの面倒から解放されたくて、アレッポの石鹸を導入しました。月桂樹とオリーブオイルでできた石鹸で、髪・顔・体を全部洗えます。

これに変えてから、お風呂場が劇的にスッキリしました。シャンプー、リンス、トリートメント、ボディーソープ、洗顔フォームを容器ごと断捨離できたので、石鹸ひとつになりました。ステンレスカゴに置いていたかみそりは、吸盤で壁につけることにしました。床にあるのは、洗面器と無印のお風呂イスだけ。床に何もないので、掃除もしやすい！

ものが減るだけで、こんなに暮らしやすくなるものなんだなあと、しみじみ思いました。

顔・体・頭を洗うのを全て
アレッポの石鹸に統一したら
お風呂場がスッキリ

Before

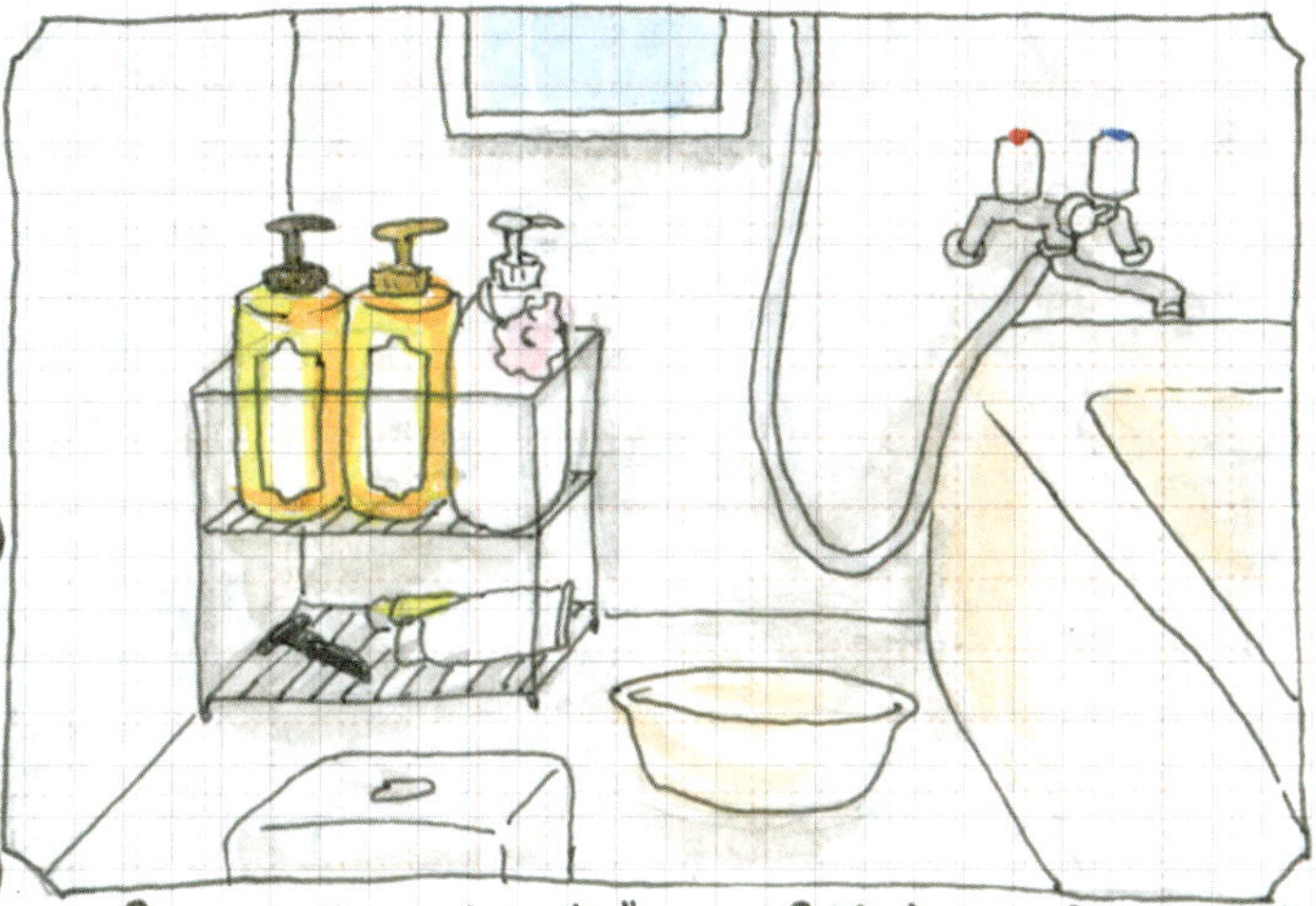

シャンプー・リンス・トリートメント・ボディーソープ・洗顔ソープを断捨離

After

「自分の部屋感」を増す飾り

我が家では、リビング、玄関、キッチンの3カ所にファブリックパネルを飾っています。木製フレームに額装しているので、正確にはファブリックパネルではないのかな？　とにかく、布を飾っています。

以前の家では写真をA4サイズに引き伸ばして木製パネルに貼ったものを何枚か飾っていました。引っ越し作業が進み、この写真を取り外したところ、ものすごく「他人の部屋感」が増したのです。これを飾っていたからこそ借家でも「自分の部屋だ」と思えていたようです。

写真やファブリックパネルの効用は、「自分の部屋感」（＝愛着が湧き、その部屋に帰って休みたいと思える気持ち）が増すことだと思います。

ミニマリストには、節約重視、効率重視、美観重視など、目指すものがあるかと思います。

わたしは、見ていてきれいだな、と思えるものがあると落ち着きます。家族が「この家でのんびりしたい」と思える部屋を作るための工夫をこれからもしていきたいなと思います。

飾りもので「何もないけど ほっこりする 部屋」を目指す

ファブリックパネル・リース・グリーン

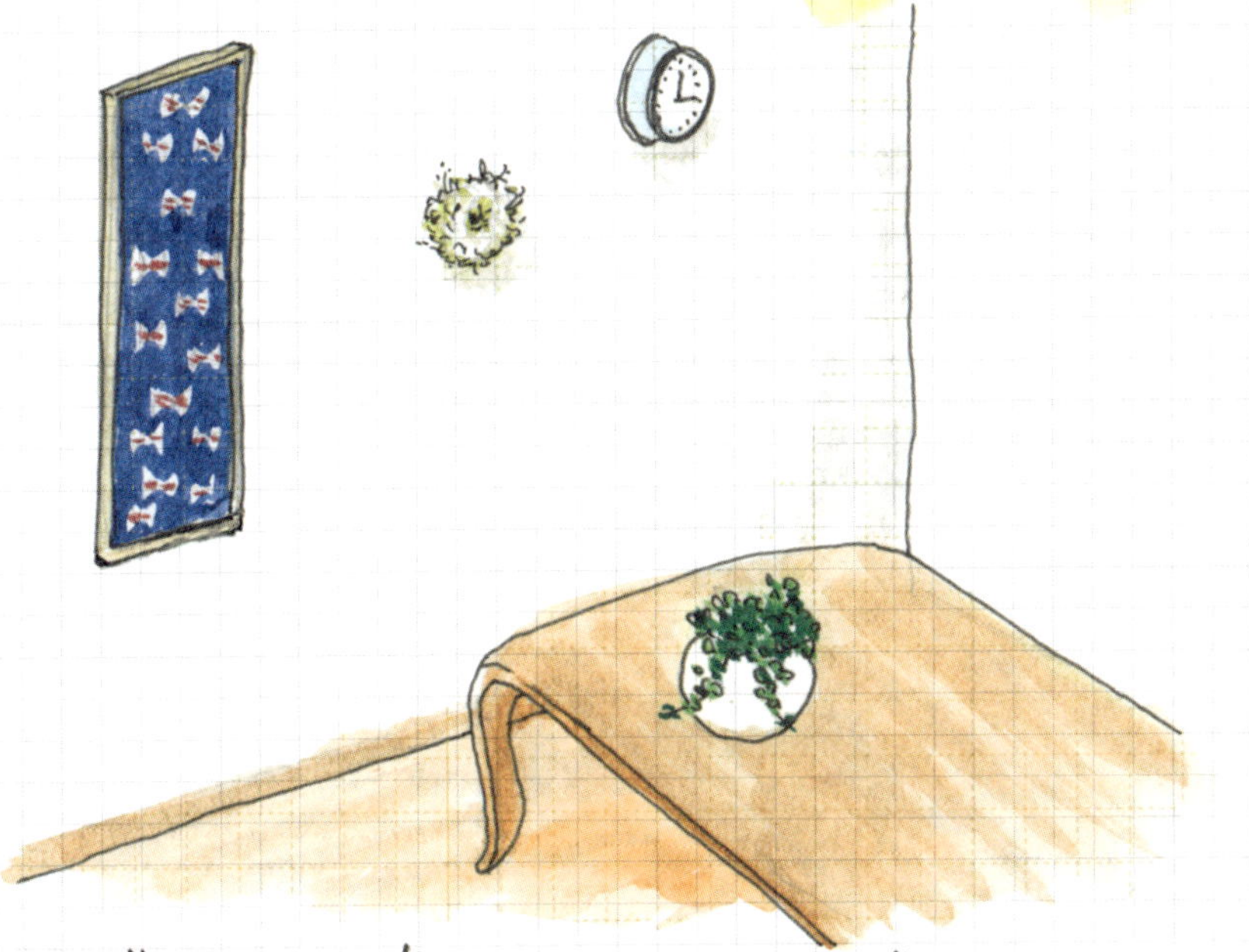

リビングに、minaperhonenの手ぬぐいを木製の額に入れて飾っています。物が減ってくると、ともすれば殺風景になりがち。お気に入りのものを1つでも飾ることで「自分の部屋感」が出るなと思います。家族がほっこり落ち着ける、心地よい自分たちの陣地をつくっていきたい、と思っています。

使っていないクレジットカードを解約

財布を小さくしたので、使わないカードを入れるスペースがなくなりました。ポイントカードを減らしたのに、クレジットカードをシンプル化できていなかったので、使っていないクレジットカードを断捨離しました。

解約に必要なものは、電話とクレジットカード。カードの裏に書いてある問い合わせ番号に電話します。待ち時間が長いところもあれば、1分ぐらいでつながるところも。電話がつながったら、オペレーターの方に解約の旨を伝えればOK。電話口で解約が完了したカードがある一方、解約届に手書きで契約情報を記載し郵送しないと解約できないカードもありました。

カードが3枚も減って、ずいぶん財布が薄く、軽くなりました。持っているだけで心の負担になるのが、クレジットカード。紛失すると停止しないといけないし、気を遣います。使っていないのならさっさと手放して、物的にも心理的にもスッキリしたい。解約を完了して、カードにハサミを入れた時、心がとても軽くなりました。

使っていない CREDIT CARDを

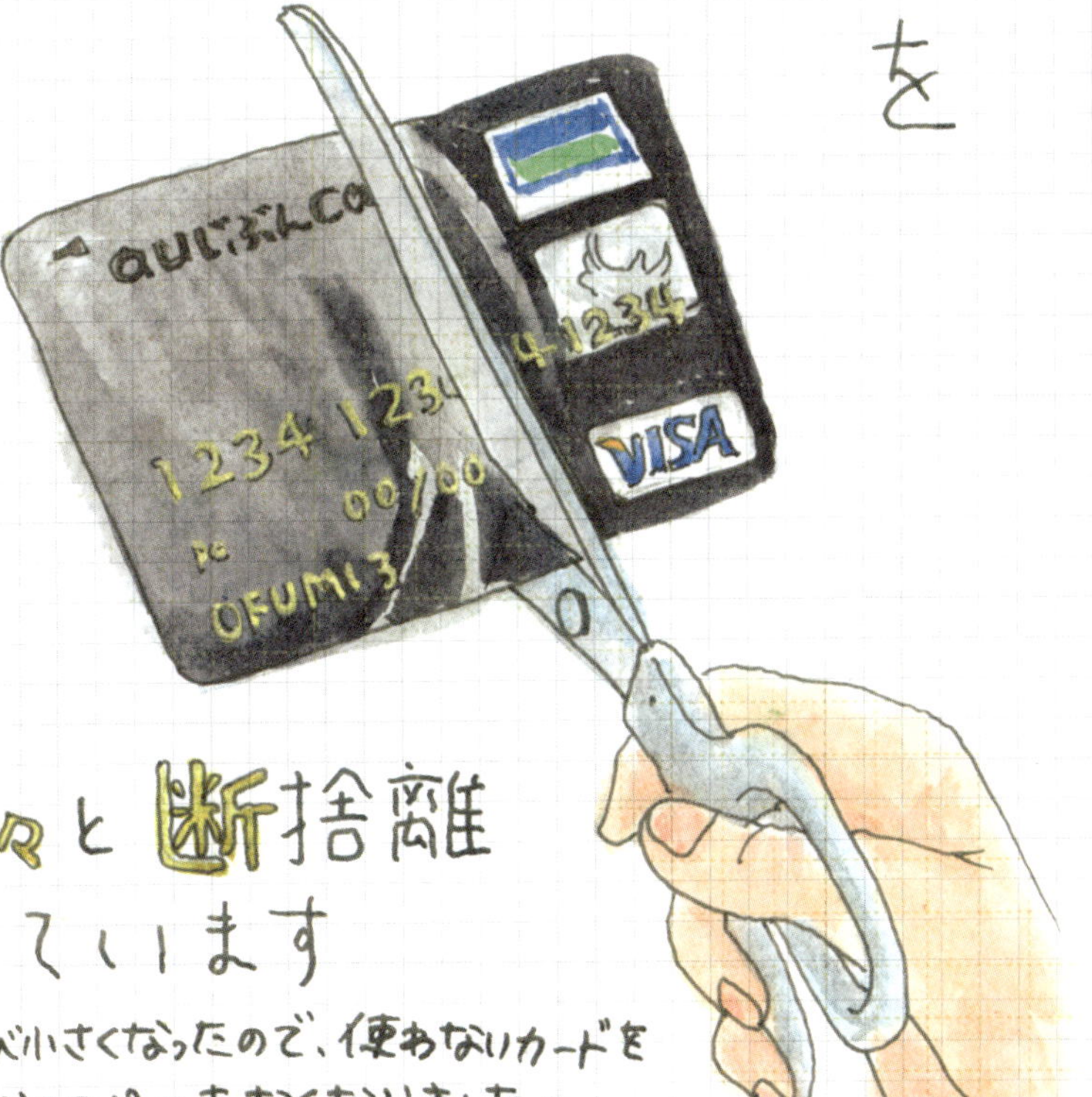

次々と断捨離しています

財布が小さくなったので、使わないカードを
入れておくスペースもなくなりました。
いい機会なので、よく使う2枚を残して
あとは断捨離。ハサミを入れるの気持ちいいです!

断捨離するものの選び方

「断捨離するぞー」とは微塵も考えずに、部屋をぼーっと眺めている時、要らなさそうなものが視界に入ると、何か違和感を覚えます。再度部屋を見渡せば、何がセンサーに引っかかったか見えてきます。「余分なものの感知センサー」が、要らないものを無意識的に選別してくれます。

センサーが感知したら、捨てるかどうか、夫と相談します。まずはその対象物がない状態にしてみてから、2人で考えます。「やってみてから考える」精神です。どかしてみると「なくても大丈夫そう」となり、断捨離することが多いです。2人で共有しているものは、この方法で断捨離を進めています。

なくても暮らせるかもと、思い切って捨ててみて、後になって後悔したものはありませんでした。衝動的に捨てずに、夫と相談して決めているからかもしれませんが…。なくても問題なく暮らせるし、もののお手入れから解放されるので、その分の自由な時間やすっきりした空間が手に入り、ストレスまで除去してくれます。

捨てるものをどうやって選定しているか？

部屋を見渡すと「なくした方がいいかも」と思うものが目に入った時に「余分なもの感知センサー」が起動します。物を減らすことで、要らないものがあぶり出されて、アンテナが察知するイメージです。
夫に相談して2人で家具や中身を移動して断捨離を「模様変え」的に楽しんでいます。

好きなことと、心地よさは別

わたしは、Tommy february6が好きです。特に「je t'aime☆je t'aime」の時のフレンチなスタイルが好き。この曲が流れていたのは、わたしが中学2~3年生の頃でした。

当時の愛読書は、「美人画報ハイパー」、「美人画報ワンダー」。この本は、漫画家、安野モヨコ氏が美について取り上げた連載エッセイ。挿入されるイラストがかわいくて大好きです。

Tommy february6と美人画報に何の関連があるかというと、「阿呆なくらいに乙女街道まっしぐら」なところがわたしにとって同じジャンルなのです。こんな具合に「the 女子!」な事柄に憧れていました。

でも、好きであることと、それを生活に取り入れられるかということは、また別なのです。好きだけど真似できないことって、あるのです。できないものはできないし、無理にやってみても落ち着きません。世の中には、自分でやる好きと、自分はやらないけど鑑賞して楽しむ好き、があるのでしょう。そこを混同しないようにしたいです。

乙女ちっくなものが好き。でも生活には全く取り入れてない

昔から、Tommy february6
とか、キキララとか！キラキラした
香水等が好きです。でも、
香料が苦手で香水は
つけられないし、ネイルもしないし、
実生活は乙女チックなものゼロ。
好きと、生活に取り入れるのは別。

「色の不協和音」をみわける

最近、激しい色のものが視界に入るとドキッとします。たとえば、キッチンの手拭き用に吊るしてある真っ赤なエビ柄のタオル。最初は、何に心を乱されているのかわかりませんでした。赤、特に真っ赤は、好きな色なのに……なぜ？　そんなことが二度三度と続くうちに、「ああ、この色が周りと調和していないんだな」と気付きました。

おそらくものが減ってきたから、周囲のものと調和していないものが浮かび上がって感じられ、「色の不協和音」に気付けるようになったのだと思います。

ものを減らせば減らすほど、残ったものの存在感は大きくなり、注目度が増します。すっきりとした部屋にする目的は人それぞれですが、わたしの目的は「心がザワザワしない暮らしがしたい」「家族がくつろげる心地よい空間を作りたい」ということ。違和感のある色で心がザワザワするのは避けたいです。

心安らぐ暮らしのため、「カラーコーディネート」という視点を取り入れてみてはどうかと思います。

我が家だと
白×木質×アクセントにブルー、
たまに黒、が基本のカラー。
なので真っ赤なタオルとかが
浮いてしまう。

違和感のある色が視界に入ると ドキッとしてしまう

散らかり放題の部屋だった頃は気付かなかったのですが、
周りと調和してない色のものが目に入ると、ドキッとします。
見ていて落ち着く色のもので部屋を整えたいです。

結婚式の思い出の品を断捨離

70本のハワイアンレイを断捨離しました。フラダンスを踊る時に首から下げる花の輪っかのことですね。

なぜ70本ものハワイアンレイが自宅にあったかというと、結婚式の二次会で参加していただいた皆さんからサプライズで首にかけてもらったとっても嬉しいプレゼントだったのです。

たいへん幸せな思い出でしたので、家に保管していたのですが、大きめの紙袋に入れても3袋くらいと、かさばるのです。1年ぐらい保管しましたが、置き場に困り、「楽しい思い出は胸にしまって、ものとはさよならしよう！」と、レイ2本を壁にディスプレイして残し、ほかのものは断捨離しました。ものを手放しても、思い出はなくならないので、大丈夫です。

思い出いっぱいのレイ、捨てるのも忍びない。「あ、リサイクルショップで売れないかな？」と思い、持ち込んだところ、全部で100円ほどになったのでした。今頃、誰かが、何かのパーティーで活用してくれていることでしょう。

断捨離したもの

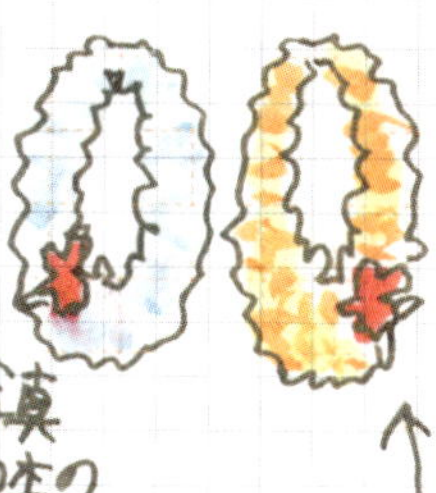

結婚式2次会にて
サプライズで
ハワイアンレイを
参加いただいた皆様全員からプレゼント
してもらいました。花だるまになった幸せな写真
が残ってます。1年保管したのですが70本の
レイは置き場がない。2本にしぼって壁にディスプレイして
あとはリサイクルショップに売りました。100円くらいになったとさ。
思い出は大事にしまって、物そのものとはさようならしました。

リサイクルショップで服を売る時のコツ

断捨離した服の処分方法はいろいろあります。オークションなど、高く売れる方法は、手順が煩雑。リサイクルショップは、季節が合っていれば、突き返されず、値段をつけて買い取ってくれるので、本当にありがたい。

ズボラなわたしは、しわしわのまま、ゴミ袋にごそっと入れて持ち込みます。夫は、服をちゃんとたたみ、TUBTRUGSのバケツに入れて持っていきます。

そして、夫は、ノーブランドやかなり使用感のあるものと一緒に、少し品質のよいものを持っていくのです。そうすると、同じような使用感の服でも、夫のほうが高い値段で買い取ってもらえていました。

持ち込み方がきれいなら、服の保存状態もよいだろう。価値の高い服を持っているのなら、ほかの服も価値があるのだろう。そう思われたのでしょう。

コツは、「きちんとたたむ」「きれいな入れ物に入れて持ち込む」「価値が高そうなものも一緒に売る」。余裕があれば、アイロンをかけてシワを伸ばしておくと、なお良しです。

リサイクルショップに行ったよ

断捨離の末、手放すことにした物たちを売りに行きました。

主に夫の帽子(どれも似た形…)と
時計、2回はいただけの私のスカートを
査定… なんと¥6010になりました。

このお金を持って温泉へ。
首〜肩の20分マッサージを
受けました。頭もちょっとだけ
もんでもらえて、スッキリ。
物も減って体も軽くなって大満足です。

本当に必要？ダイニングセットについて

引っ越しを通して、ダイニングテーブルと椅子を手放しました。今は、座卓とソファがあるだけです。ダイニングセットを手放した実感としては、「とんでもなく掃除がラクになった」ということ。本当にラクになり、あんなに大嫌いだった掃除がちょっと楽しくなってきました。

結婚後の新生活に当たり前のように必要とされているダイニングセットがなくても、問題なく暮らせた。むしろないほうが幸せになれた。もちろん、これには個人差があります。

ものを管理する能力が高い人は、毎日の掃除もお手入れも苦じゃないだろうから。妊婦さんや年配の人など、椅子を必要としている人もいます。しかし、そうでない人に、ダイニングセットは必ずしも必要とは限らない。

ダイニングセットの用途は、「応援セット」としての役割が大きいのではないでしょうか？　でも、別のもので代用できるかも……座卓でもいいのかも。「あって当たり前」と思っていたけど、なくしてみたら幸せになれるものもあります。

Dining set って必要？

大好きイルマリ・タピオヴァーラ。家具は好きなのです。

今の家に引越す際に、ダイニングテーブルとイスを手放しました。毎日のそうじが、とんでもなく楽になりました。あんなに大嫌いだったそうじが億劫でなくなったどころか、ちょっと楽しくなった。「あって当たり前だと思ってたけど、なくしてみたら幸せになった」ものランキング1位です。自分の中では。

情熱のもてない趣味は断捨離

これまでに手放して最もスッキリしたものは、クラフト材料たちでした。何かを作りたい！という気持ちだけは旺盛で、クラフトに手を出しては長続きせず、材料だけが溜まっていく……。前の家は78㎡の一軒家で2人暮らしにはとても広かったのですが、押入れはいっぱい、廊下にまでクラフトの端材があふれていました。

しかし、「死蔵品は死体と同じ」という言葉を聞いて、もう情熱を持てない、自分の中で旬の過ぎた趣味は手放そうと思いました。無理に手を付けようとしても、情熱がなければ取り組めません。

これまで廊下のクラフト材料を目にするたびに「ああ、作らなきゃ……」と思っていましたが、そのストレスから解放されました。いつでも好きなことを好きな時にやればいいと思えたことで、心が軽くなりました。スペースも空いて、心底スッキリしました。空いたスペースに新しいことが流れ込んできて、何となく停滞していた人生が動き始めたなあと感じました。

捨てて最もスッキリしたもの

いつか作るかも……の

クラフト材料

クラフトに手を
出しては続かずに
材料だけが増えて、
いつか作るかもと持ち続けていましたが、休日の度に
「こんなに材料あるんだから作らなきゃ」とモヤモヤしていました。
もう情熱の持てない趣味は断捨離しよう！と思い、友人に譲ったり
捨てたりして、心のつかえがとれたように、心底スッキリしました。

104冊の本を自炊してPDFに

本棚4つとそこにぎっしり詰まった本を少しずつ断捨離し、今の家に引っ越しするタイミングで本を104冊に厳選、1つの棚に収納していました。データ化してここのスペースを空けたいと思い、ミニマリストの知人に裁断機とスキャナーを貸してもらって、自炊に着手しました。

わたしがお借りしたのは、デューロデックス社の裁断機。一度に200枚、厚みにして2cmくらいまでなら一気に裁断できるので便利。スキャナーはscan snap。紙が重なって読み込まれた時にはちゃんとストップする「重なりを検知」機能がついていて、助けられました。便利！ 裁断は「KJ新谷の輸入ビジネス幼稚園」さん、スキャンはブロガー@ushigyuさんの「おまスキャ」の記事を参考にしました。

棚の中が104冊分スッキリ。空いたスペースには、バッグと帽子を収納。床にあった美容グッズも棚の中にしまえて、床の掃除もしやすくなりました。電子書籍をサクサク読むためにKindle Fireも購入。電子書籍ライフを満喫します。

かつて4つの本棚と
本を持っていましたが、
本棚を3つ断捨離
しました。厳選した
つもりでも104冊もの
本を所持していました。
これらの本をついにデータ化
しました。知人から借りた
デューロデックス社の裁断機
は、一度に200枚裁断
できるので助かりました。
scan snapでスキャン。
丸1日かかりました。
おかげで、本104冊分の
スペースが空きました。
今まで表に出ていた、バッグと
帽子を棚に収納できる
ように。kindle Fire 8GB
を購入して、電子書籍ライフ
を満喫します!!

Kindle Fire
買いました

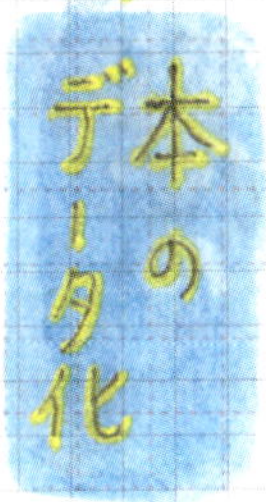

column

＊

実家の断捨離

実家に大量の自分のものを放置しており、それが気になっていました。必要なものは今の自分の家に移し、要らないものは捨てたい！　自分の棚や机の中のものを広げると、次々出るわ断捨離するもの。

まずは旅の思い出グッズ。思い出は心の中と写真に収まっているのですべて捨てました。読みもせず積ん読していた本や学生時代に買ったファッション誌もブックオフへ。本棚には、就活で集めた企業案内もありましたが、落ちた企業のものを読み返すわけもなく、嫌な思い出ごとスッキリサッパリ断捨離。

中学～高校にかけて授業中に友人間で回しあった膨大な手紙たち。思い出が詰まっている物品を断捨離するコツは見返さないこと。過去数年分の手帳と一緒に処分しました。ただ、日記だけは自分の変化が見られて面白いので、すべて残しました。

結果的に棚２つ分のものを処分し、母が「自分のものを入れられる！」と喜んでいました。処分してよかったなと、心の底から思いました。

Part 2

ミニマルなファッション、私服の制服化

断捨離と買い替えを経て、これらの靴に落ち着きました。過不足ないこのラインナップが気に入っています。

断捨離したもの

靴、売っちゃいました

ミネトンカの
モカシン、
repettoのjazz
（白・黒）、
しまむらのバレエシューズ、
ビルケンのボストン…
いつかはくかも、ととっておいて
いましたが、この1年位一度も
はきませんでした。ひもがほどける、靴底が薄くて
歩きづらい、等々。結局歩いて疲れるくつは、
どんなにデザインが気に入っていても、はこうと思えないの
だと、思い知りました。リサイクルショップに売って手放しました。

手放したいけど手放せない！

ateliers PENE LOPE デリバリーBAG

color マスタード

菊池亜希子が雑誌「PS」でしょってたこのBAG。「なんてかわいいの！」と、京都のセレクトショップANGERに行く度に欲しいな～と眺めること数年。そして2011年に、私がちょっとしたコンペに入賞したお祝いに夫がこのバッグをプレゼントしてくれました。この思い出深いエピソードがより一層、手放しがたくさせているのです…。

色、形が子供っぽくて…菊池さんは素敵にしょえても、私には素敵にしょえないので、手放したいのですが、ためらってます…。

手放したい けど 手放せない！

iOG
IO GRAPHIC. INC.

帆布ショルダーBAG

真っ赤とか真ッ青が好きで、さらに帆布と見ると、バッグが欲しくなっていた時期があり買いました。全身黒コーデにこのバッグを合わせたい！と思い購入したが
真っ黒ワンピースも持ってないし、バッグをおろした時地味になりすぎますよね？等と考え、しかも服の色を選ぶので中々最近は使っていませんでした。手放したい。でもこの色やっぱり好き。今日も手放せない…。

Pajaloha が欲しいな。

ベルメゾンが出している
アロハシャツのパジャマ。
その名もパジャロハ。
夏の部屋着として、
ぜひ我が家に迎え
入れたい♡そしてのんびり
ウクレレでも弾きたいです。
「高木ブーの誕生日会」みたいな
陽気でのんびりしたムードで
日々を過ごしたいので、その
ためにピッタリの部屋着です。
綿100%ダブルガーゼで
吸汗性◎なところも良い。

WANT!
欲しいもの

ROOM WEAR を制服化したい

まっ白のニット！
汚れても漂白
できるので
長く使えそう。
「同じ形のものが
いつでも手に入る」
というのがスキ。
uniqloか
無印あたりで。

ガウチョパンツ？
ワイドパンツ？
ゆるっとした
ウエストはゴムの
パンツが良いな。
スカートは、
しゃがんでの
掃除がしにくい
ので、やはりパンツで。

今、部屋着と寝間着が
同じで、フリースのパジャマ
を着てるのですが、急な
来客時は恥ずかしいし、
部屋に居る時間て長い
のに、かわいいと思えない
服を着てるのって
どーなの？？！と思い、
満足いく部屋着を
買って、寝間着と分けたい。
そして制服化したい！！

足元は、いつもビルケンのサンダルはいてます。
室内ばきも傷みやすいので、外ばき用サンダルを室内専用ではいてる。

仕事用bag

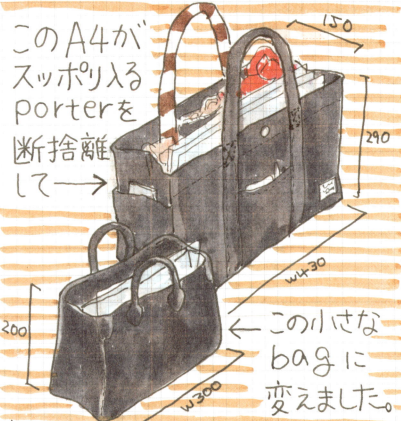

このA4が
スッポリ入る
porterを
断捨離
して→

←この小さな
bagに
変えました。

容量が多いと何でもかんでも詰め込みがちで、ある日ふと「使いもしないものを会社と家の間持ち運んで何してるんだろ?」と思って、ひとまわり小さいバッグにしました。快適です!!

「仕事用Bag」というものをなくしました

この仕事用bagを断捨離して→

←白トートをオン・オフ両用にしました

仕事用としてしか使えないものを持つのってイヤだなぁ…と、思い切ってbagをオン・オフ両用にしました。営業で外回りする訳でもないので全く問題ないことに気づきました。オンもオフも持ち歩くものほぼ同じなので、入れ替える手間もなくなりました。

春・秋のお出かけ

私服を制服化 その1

いつも「何着ていいか
分からない!!」
「着る服がない!!」と
悩んでいました。
クローゼットには、
あふれんばかりに
服があるのに…。
季節ごとに、
お出かけはこれを
着ればOK、という
自分なりの
「私服の制服化」
をすすめていきたい
と思っています。
第1弾は春のお出かけ。
大好きなボーダーを
ゆるっとラクに、それで
いて女らしく着たい。

SAINT JAMES
サイズは0番でスッキリと。
L.L.bean
白トート。
まっ白なとこがスキ。
ゆるっと
濃い色
ジーンズを
探し中。
足元は
白い革の
パンプスを
はきたい。

これは!という
ボーダー
×
ゆるっとした
ジーンズ
×
スッキリした
Shoes
+
白トート

私服を制服化 その2

黒丸エリ
カーディガン
×
ボーダー
×
白パン
（ゆるっと）
×
黒革
バレエ
シューズ

カーデは
ユニクロ。
安定
供給
きゃしゃな
ベルトが
よいな。
夫のものを
借りて
ゆるっと。
クラークスの
バレエシューズ
（クッション性重視）

春・秋のお出かけ

上ぴったりスッキリめ
×
下ゆるっと、が
どうも好きみたい
だと
気付きました。
中のボーダーを
変えて白パンを
細身のものにすれば
仕事用でもいけそう
ですね。わたしは
肌の色が黄色系
なので、青っぽい白は
トップスにもってこない
ことにしています。

私服を制服化 その3

飲み会に行く時に
着たい組合せ。

飲み会は、
1. たくさん飲むので
お腹が張る。
なのでウエストゴム
のスカートで
×
2. 写真を撮らない
(地面にしゃがみ
こまない)ので
パンツスタイルで
なくて良い。

腕にきゃしゃな
何かをつけたい。

- - - - - - - - - - - -

青の細いストライプが
好きです。色が涼しげ
なので、春、夏にしか
着づらいのが玉にきず。
年中着たい。

Gray
パーカー
×
ストライプ
スカート
×
スニーカー

New balance
ネイビー
もしくは
白のフレンチテイストな
スニーカーでもいい。

ボーダー
×
ロング
スカート
×
サンダル
暑くなってきたので、初夏の装い。
これくらいショートにしたいなー。歩くのも車の運転のラクなサンダル×くつ下を今年ははいていきたいです。
黒のリュックを合わせたい。
ビルケンの白サンダルを入手したいな。
私服
制服化
その4

年中はけて、私服でも仕事でもはける
黒のレースアップのおじ靴が欲しいです。
靴も制服化できたら気持ちいいだろーなぁ。
どこいくのも、コレを
はけばOK!!
というものの
安心感。
シャツワンピは
前ボタンを
開けるか
しめるかで
印象が
変わって
いいですね。
白い服の時は
白トートでなく
黒バッグを
持ちたい。
白シャツ
ワンピース
×
ジーンズ
×
黒おじ靴
+
薄くて軽い
黒バッグ
私服
制服化
その5

私服を制服化その6
無印の帽子
折りたたんで
カバンにしまえる
屋外に
お出かけの
時には
絶対に白Tシャツ!!
黒だと光を吸収して
めっちゃ暑くなる
ので、色は大事!
さわやかな
青ストライプばかり
着ています。
同じ理由で
靴下は黒以外。
反対に、
屋内の場合…
クーラーで寒いことが多い。
黒
黒
黒を多くして
光を吸収して
あたたかい
ようにします。

私服を制服化 その7

流行は「いいな」と
思ったものだけ
つかまえて、
ベーシックでない
形のものは
割り切って
ファストファッション
で取り入れる
ことにして
います。

少し長め袖のタンクトップの
サマーニットを
ガウチョパンツにIN.
シルエットがとても
今っぽい、というか
今年だけという感じが
しますが、とても好みな
シルエットなので！
ファストファッションで
取り入れて、
この1ヶ月半位
着たおしたいなと
思っています。

ロングカーデ
×
インナーとボトムス
同色でまとめる
×
白スニーカー

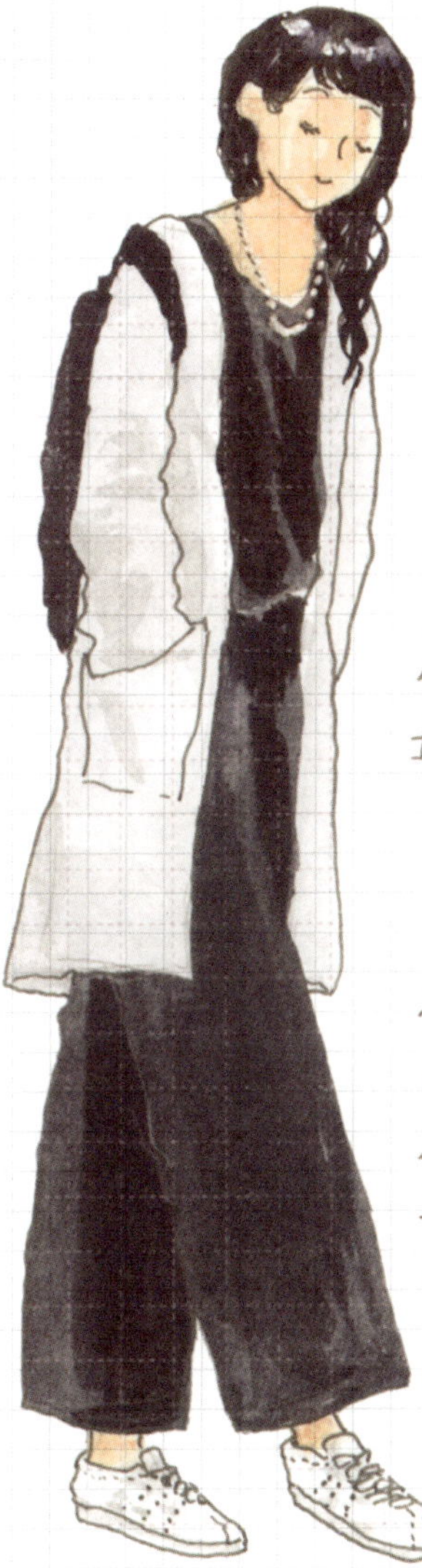

シンプルな装いに
このネックレスを
合わせるのが
最近のお気に入り。

全体に黒の分量
が多めなので、
足元は真っ白
スニーカーを。
adidas
Originals
by HYKE.
スタンスミスが
ベース。
シンプル!!

秋の装い

私服を
制服化
その8

紺のステンカラー
×
灰色タートル
×
ゆるっと白パン
×
サイドゴア
ブーツ

冬はコートや
その他諸々の
アイテムが、
ダーク系が
多くなるので
ボトムは白を
もってきて、少し
でも明るく
なるように
しています。
サイドゴアで
雪にも負けない！

私服の
制服化
その9

靴下×
パールアンクレット
雑誌で見かけた。
かわいい。

一粒ネックレス
も気になる!!

Pearl Necklace
に夢中です

パールネックレスは
「ヒールをはくのと
同じくらい、
「女らしさ」を
プラスしてくれる
ところが好きです。
シンプルTシャツに
どんどん
合わせたい。

夫の服をシェア

夫と身長が近めなので
服を借りています。
ほどよいゆるっと感です。

IoLo White Shirt

Hat

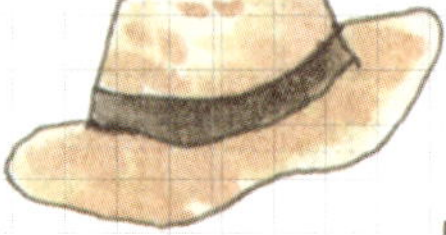

Arc'teryx

LEVI'S 501

Knit Cap

T shirt

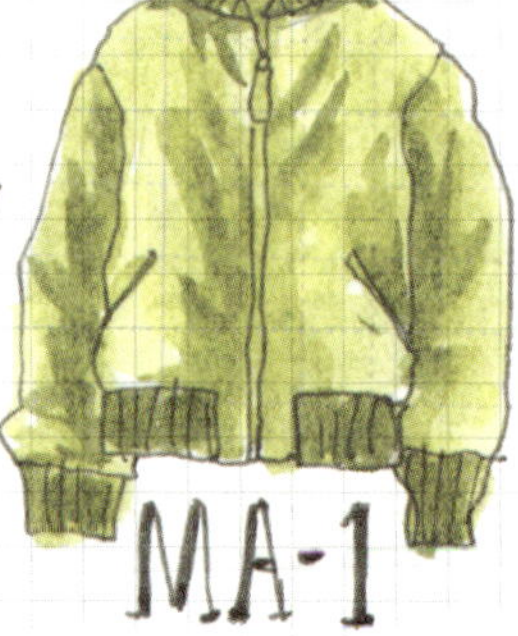

MA-1

Irma Bag

これは
私の
ですが…

靴は黒のローファーが気になっています。白スニーカーでもいいですね。

いびつな形のパールが並ぶ（自作）材料費1000円くらい…

Norm core について考える

シンプルな無地Tシャツ
×
きゃしゃなパールネックレス
×
紺チノパン

究極の普通…ノームコア。

なんのプリントもない無地のシンプルTシャツ、ぜひ取り入れたいけど、それだけだと「ただ力抜いてる人」になってしまいそう。弱気な私は、華奢なパールのネックレスでも合わせたくなるのでした。

column

＊

手作り品の断捨離

着々と断捨離を進めていく中で、なかなか手放せずに生き延びるのが、手作りした服たち、そして手作りしたアクセサリー類。

わたしが大学生の頃には、森ガールが流行っていて、ナチュラル系の服やそれに合うアクセサリー類を作って、身につけたり、手作り仲間と作ったものを持ち寄り記念に撮影会をしたりしました。またいつか身につけたくなるかな？と思って、持ち続けてきましたが……森ガールももうどこへやら、そんな雰囲気の服装はすっかりしなくなりました。

自分で作った、という事実が、思い入れを倍増させます。既製品の場合は「買って」「使った」思い出だけですが、自分で作った場合はその過程がプラスされている分、思い出が強くなっているのです。

でも、わたしは、たくさんのものに囲まれ、不自由を感じ、身軽になりたいと思いました。「身軽になりたい」というのは、強い強い欲求です。だから、手作りの品ともさようならする決心ができました。

Part 3

美容もミニマルに、簡単に

化粧行程を見直して、時間短縮

化粧工程をシンプル化しました。今まではこんな工程。

①化粧下地に「資生堂アクアレーベル　化粧下地」を使い、

②続いてクリームファンデは「インテグレート グレイシィ モイストクリーム」。

③そして「インテグレートグレイシィ コンシーラー」でクマやニキビ跡を隠し、

④仕上げは「インテグレート グレイシィ　ミネラルグローパウダー」。

でも、朝は忙しいので、化粧の仕上りはほぼ同じままで工程

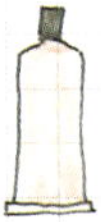

を減らしたいな～と思っていました。クリームファンデとルースパウダーって、パウダーファンデにすればまとめられるのでは？そう考えて②と④の工程をやめ、仕上げを「ちふれ　モイスチャーパウダーファンデーション」に一本化。仕上がりはほぼ変わらず朝の時間短縮に成功しました（素人の感想ですが）

　時間としては数分の短縮ですが、朝の数分ってすごく大きいです。化粧に限らず、日々の作業工程を見直して、時間短縮を進めていきたいです。

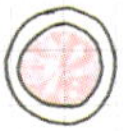

化粧工程のシンプル化

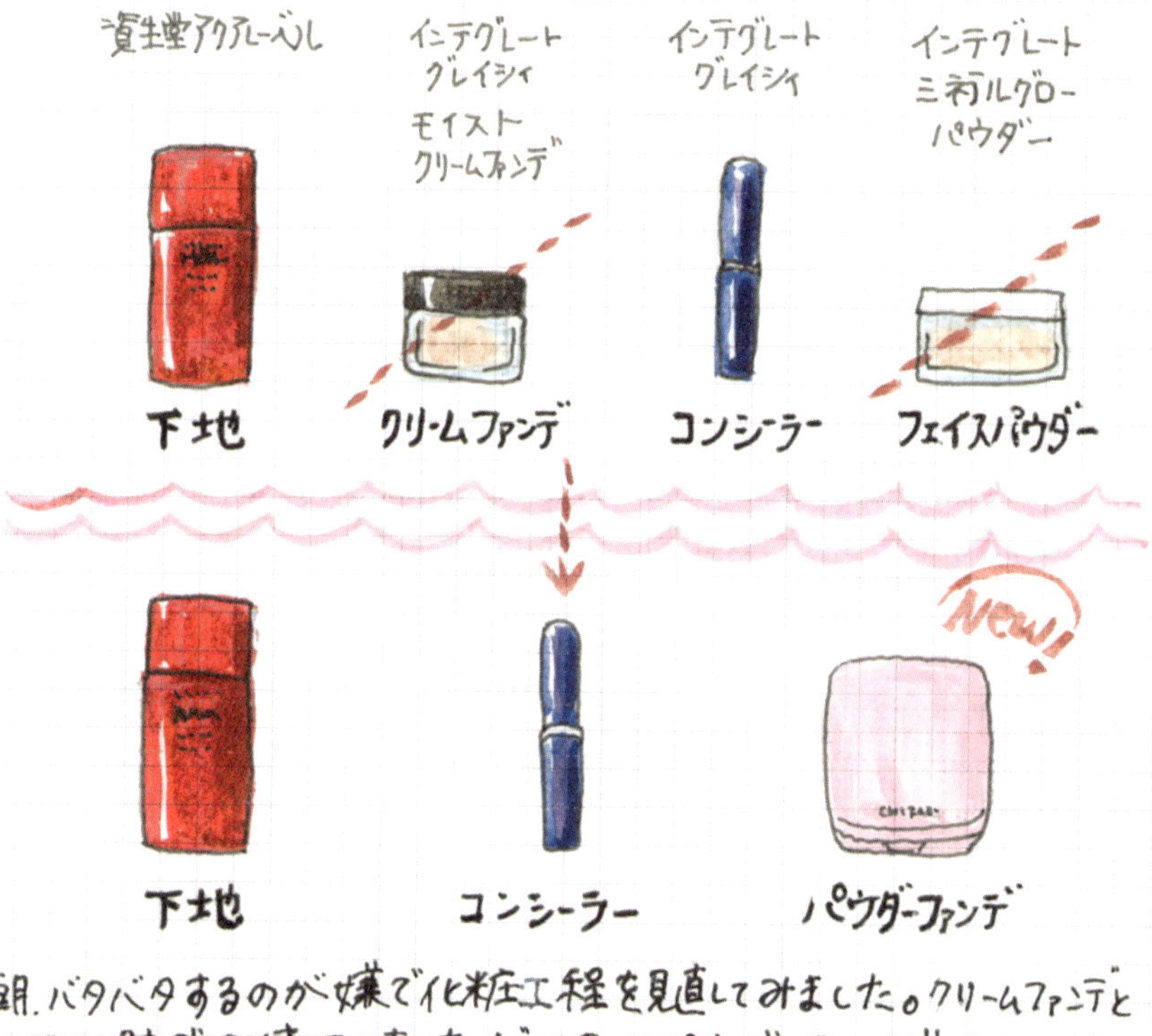

朝、バタバタするのが嫌で化粧工程を見直してみました。クリームファンデとフェイスパウダーを使っていましたが、これってパウダーファンデにすれば1つにまとめられるのでは？と思い、試してみました。時短で同じような仕上がりで節約もできて、快適です。

口臭とデンタルフロスを断捨離

わたくし、ここ数年自分の口臭を気にしておりました。接客業をしているので、お客さんに臭いな〜と思われていたら辛いし、旦那からは「おふみの口臭ってメンマの匂いするよ」と常々言われておりました。

そんな旦那も、歯周病という言葉から連想する匂い…がしておりました（笑）。

そんな訳で、ずっと気になっていたPanasonicジェットウォッシャーDoltzを導入。

ノズルの先から爪楊枝状の激しい水流が噴出し、歯と歯の隙間にたまった汚れや歯垢、食べカスをきれいサッパリ洗い流すという優れもの。水流の強さは5段階から選べます。旦那はいきなりフルスロットルで流血…。

使用してから旦那とお互いの口臭を確認しあってみました。すると、3日目には無臭になっていたんです！

凄いマシーンです。超おすすめです。ものを減らしたいミニマリストにとって、口臭と、デンタルフロスを断捨離できるのなら一家に一台あっていい代物かと思います。

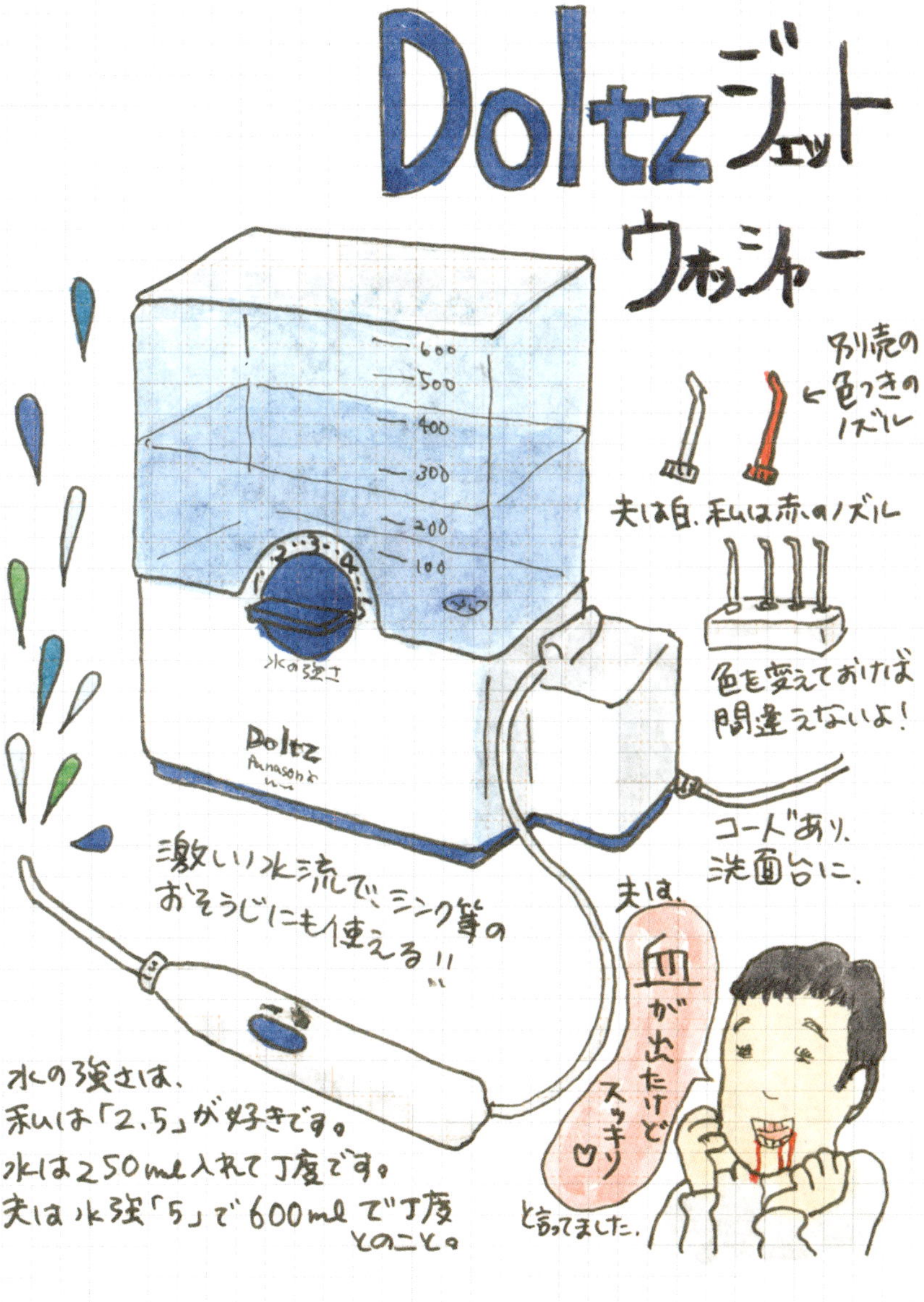

Doltzジェットウォッシャー
600
500
400
300
200
100
1 2 3 4 5
水の強さ
Doltz
Panasonic
別売の色つきのノズル
夫は白、私は赤のノズル
色を変えておけば間違えないよ！
コードあり。洗面台に。
激しい水流で、シンク等のおそうじにも使える!!
水の強さは、私は「2.5」が好きです。
水は250ml入れて丁度です。
夫は水強「5」で600mlで丁度とのこと。
夫は、
血が出たけどスッキリ♡
と言ってました。

コンタクトの「こすり洗い」を断捨離

高校生から使用しているコンタクトレンズ。ずっと2Weekのものを使っていました。使い捨てできる1dayに憧れていましたが、漠然と「高いから手が届かない」と思っていました。

2Weekにつきものなのが「こすり洗い」という作業。これが億劫で面倒でした。2週間経ったら新しいコンタクトに変えないといけないのに、いつから使い始めたか覚えていられなくて、交換日の把握ができず、いつも大体の感覚で交換しているのがストレスでした。

ふいに思いました。1dayにすればこすり洗いという作業も必要ないなと。そうすれば、洗浄液も断捨離できる。となると、洗浄液代を考えれば金額の差もほとんどなくなる。そこで思い切って1dayにしてみました！

とても快適です！　こすり洗いから解放された喜びをお金に換算できるなら、かなりの価値だと感じています。コンタクト交換日のスケジュール管理が必要なくなったのも嬉しい。洗浄液を置いていた分のスペースも要らなくなったしね。

2week コンタクトと洗浄液を断捨離

こすり洗いから解放されました

1dayは2weekより高いけど、
洗浄液がいらなくなると考えると
月々のコストはあまり
変わらない…と気付いた。

コンタクトのこすり洗いがおっくうで嫌いな作業でした。そしていつから使い始めていつが2週間目なのか把握がいつもできてなくて…。そこで1dayコンタクトにしました。洗浄液やケースが要らなくなりスケジュール管理も不要に!!とってもとっても快適です!

お風呂での工程をシンプル化

引っ越すにあたってぜひ実行したいことがありました。それは、この2点。「お風呂場をスッキリさせること」と「お風呂での工程（洗髪や体を洗う）をシンプル化させること」。

お風呂場にシャンプーやリンス、ボディーソープ、洗顔ソープ、メイク落としのボトルが並び、その底が湯垢で汚れたり、中身のストックをいつも気にして、どれか1つでもなくなるとドラッグストアに走らないといけないのが嫌でした。

頭のてっぺんからつま先まで、1つのもので洗えたらどんなに楽だろ〜、と悩んでいたら、友人から有益な情報が！ それが「アレッポの石鹸」です。石鹸1つでメイク落としから全身洗い、洗髪も可能。しかもリンスなしでも大丈夫。

実際に試してみると、1つの石鹸でなにもかも洗えるってすごく楽！ たくさんのボトルが並ばないから、お風呂場もスッキリしたし、底を洗ったり、詰め替えたりする作業も必要ありません。とても些細なことですが、とても心が軽くなりました。

買ってよかったもの

お風呂場をシンプル化!!

アレッポの石鹸

オリーブオイルと月桂樹オイルだけでできた石鹸で、
シャンプー(リンス)ボディーソープ、洗顔として使えるので、
これ1つだけお風呂に置いてます。髪洗ってリンスしなくても
さらさらです。全身洗えて時短!!お風呂場スッキリで大満足。

美容費をコストカットしたい

自分に似合う髪型を探してさまよい続けて四半世紀、そろそろ「美容院に行ったらこの髪型を頼めばOK！」という髪型を見つけたいと思っています。

髪型を選ぶ基準。まずは美容費をコストカットしたい。美容院に行く頻度を減らし、年間にかかる美容費を安く抑えたい。

カラーリングは避けたい。生え際プリンを阻止するには定期的に美容院に行く必要があり、自分でセルフカラーするのも、髪を染めるという作業が面倒。

垢抜け感が欲しい！　ほんのり茶色さのある黒髪にしたい。お酢でリンスすると自然と色が抜けてサラサラになるらしく、試してみようと思っています。

ちなみに、前髪あり×黒髪（〜黒めの茶髪）×パーマボブのパリジェンヌ風ボブが気になっています。前髪を自分で切れば美容院に行く頻度を減らせるし、前髪以外の部分は、2〜3ヶ月はかまわなくてもいけそう。

「これなら似合う」という髪型を把握していたい。私服を制服化するがごとく、髪型も定型化したいです。

ヘアスタイルを定番化したい

パーマボブ、2〜3ヶ月は
前髪だけ切れば美容院
行かずに
済みそう…。

ラフな
ポニーテール

短めの
ボブも
どんな服も
似合いそうで
いい
ですね。

美容院に行ったら
この髪型を頼めば
OK！という風にしたい。
いつも髪型迷走しています…。黒髪パリジェンヌ風ボブが
気になっております。

リーズナブル美容院でこまめにカット

これまで普通の価格帯の美容院に2ヶ月に1回くらい通っていました。カット代（シャンプー込）4000円で、年に2万4000円。ただ、2ヶ月も美容院に行かないと前髪が伸びて不快なのが悩みでした。こまめに美容院に通って、自分のジャストの長さをキープしたい。そう考えていた時に、ブロガーのおはぎさんの格安ヘアカットの体験記を読み、不安がなくなったので行ってみることに！

行った美容院はカット代が1800円（シャンプーなし）。この価格で「理容院」ではなく「美容院」なのです。これなら、前髪が伸びてきたらこまめに通えます。美容師さんに、「目に当たる直前までだと、どのくらいの期間で前髪が伸びますか？」と聞いたところ、「1ヶ月半ですね」との回答。ということは、年に8回美容院に行けばいいので1万4400円。お、今までより1万円近く浮きますね。

シャンプーなしのヘアカットは30分ほどで終わるから、仕事帰りに行けたり、休日が潰れたりしないのもありがたいです。

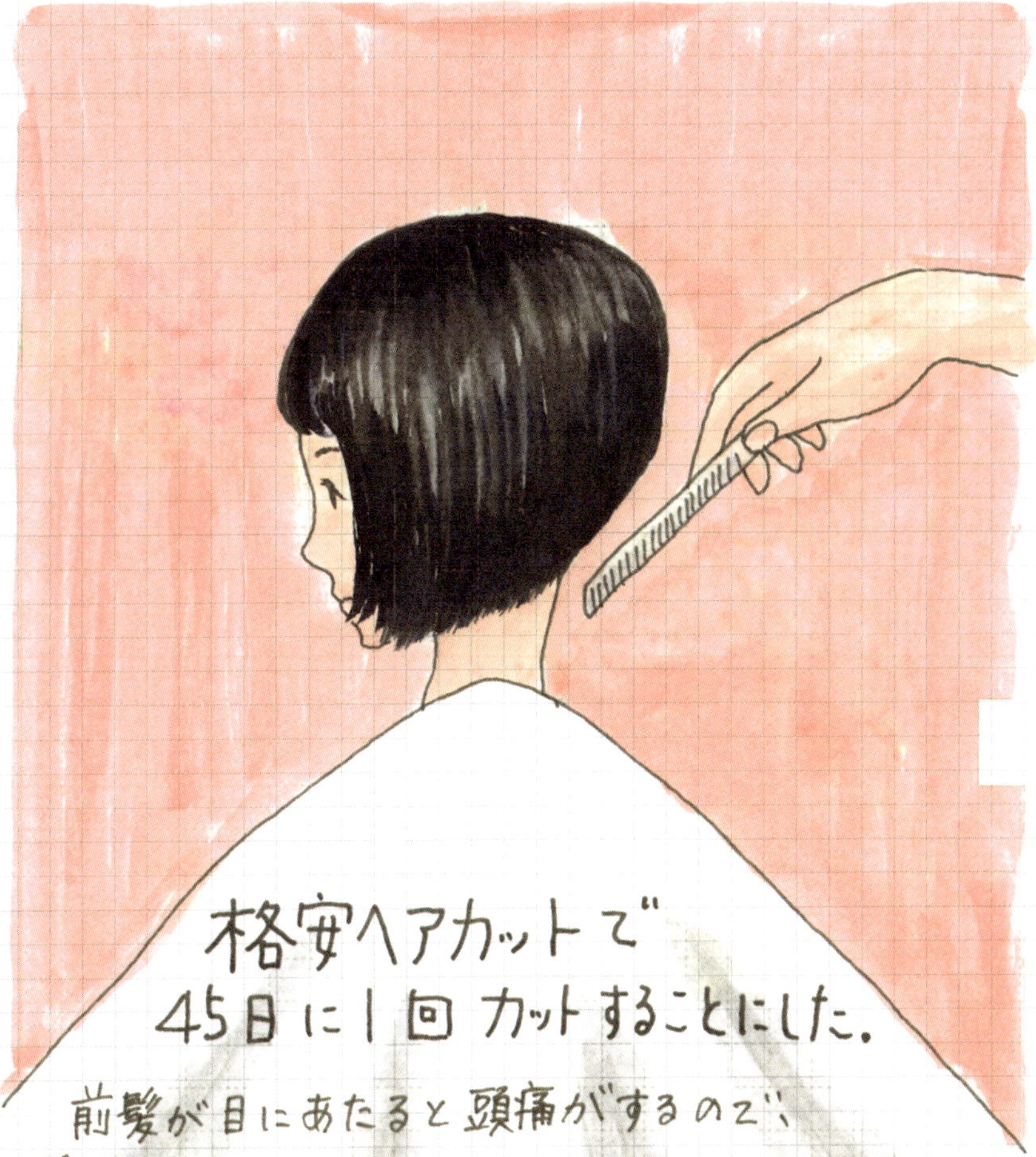

格安ヘアカットで
45日に1回カットすることにした。

前髪が目にあたると頭痛がするので、
前髪はこまめに切りたい。しかし1回¥500の前髪カットに行くくらいなら、もう全体切ってサッパリしたい。
¥1800/1回の格安ヘアカット（この値段で理容院でなく美容院！）にこまめに行って、常に好きな長さをキープしたいなと思ってます。

オールインワンはズボラの味方

根っからのズボラなわたしは、日々のお肌ケアも面倒です。お風呂上がりに、化粧水と乳液をそれぞれワンプッシュするだけ…。それだけなのに、さらに忘れっぽい性格も相まって、よく何もつけずに寝ていました。仕事で疲れると、つい……。しかし、美容部員さんから「何もつけずに寝ると皮脂が過剰に出て、ニキビには一番良くない」と言われたことで、危機感が。

オールインワン化粧品なら一発でお手入れが完了する、というところに惹かれ、資生堂アベンヌのミルキージェルを購入することに。化粧水と乳液がひとつになったオールインワンの保湿ジェルクリーム(敏感肌用)、50g入りで3500円。

オールインワンの化粧品なら、洗面所に置いておけば目に入るので塗ることを忘れません。パール粒2つ分のジェルを手にとって肌に塗りこむだけなので、ワンステップで済ませられます。

今のところ、ちゃんと毎日忘れずに塗っています。それだけでズボラーのわたしとしては大進歩です(笑)。

化粧水と乳液が1つになった

オールインワン化粧品

アベンヌ　ミルキージェル　が

すっっっごく便利!!

パール粒
2コ分を
ぬってます

ズボラ＆忘れっぽいわたしは、お風呂のあとに
化粧水＆乳液をつけ忘れて寝ることが多々ありました。
何もぬらずに過ごすのが、一番ニキビによくないと聞き、
オールインワンのコレを洗面所に置くように。1ステップで
パッとぬるだけなので、今のところつけ忘れがなくなってます。

髪型を定番化することのメリット

2014年末から髪型を定型化しています。いつもボブヘアで、2ヶ月に1回美容院でカットして長さをキープしています。

髪型を定型化することのメリットは、私服を制服化するのと同じで、毎日、選択・決断する事柄がなくなること。わたしはこれまでずっと「毎日ヘアアレンジをしなければならない」と思い込んで、毎朝の身支度で悩んでいました。

ボブヘアにしてから、「毎日きれいなつるんとしたボブの形を保てれば、別にヘアアレンジする必要もないんだ」と気づいたのです。ボブヘアに限らず、「自分がこの髪型でいく」と自分のスタイルを確立できれば、どんな髪型でも「ヘアアレンジの呪縛」から解放されます。

ちなみにボブヘアのいいところは、急に温泉に入る時にヘアゴムがいらない。毎日同じ髪型でOKだから気楽。乾かす時間が短く済み、寝ている時に髪が絡みにくいから、毎朝ブラッシングする時の抜け毛が減る。というもの。ストレスも抜け毛も減り、快適です。

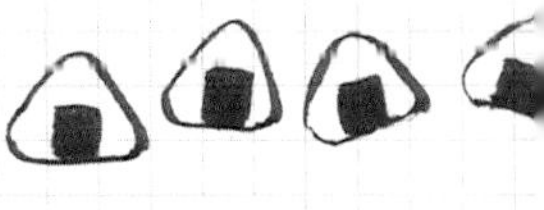

ボブヘアのいいところ

ヘアスタイルの定型化

2014年末から
髪型はずーっと
ボブヘアに
しています。
2ヶ月に1回
カットして
長さキープ。

急に温泉に入る
ことになっても
髪を束ねるゴムが
不要です.

毎日同じ髪型で
OK.というのが
ストレスフリー.

短いと乾くのも
早いし、抜け毛が
減った

column

＊

LESS IS MORE

学生時代、この世にある建築をひとつ選び、模型を作る課題がありました。図書館で建築の本を読み、装飾性の高い建築に惹かれました。ミニマリズムの建築家ミース・ファン・デル・ローエのような、ひたすらシンプルな建築には興味が湧きませんでした。「Less is more」＝より少ないことは、より豊かである、とミースは言いますが、当時のわたしには、その意味が全くわからなかったのです。

昨年秋に、ものを持ち過ぎた生活の息苦しさから、持たない暮らしに目覚めました。「もっと身軽に生きたい」という欲求に突き動かされて、ものを減らしていきました。無駄なものがない、ということが心底心地よく、装飾的なものや、部屋や服に色が多すぎることがノイズに感じるようになりました。

シンプル、削ぎ落とされていること。それって、ミースの建築みたいだね、そう思いました。「ミースってめちゃくちゃいいな」。持たない暮らしをしてみて、初めて気づいたことでした。

Part 4

ミニマルな ライフスタイル

洗濯物を家で干すのをやめる

家の洗濯機は乾燥機がついていません。以前は、家が広かったので廊下で部屋干ししていました。雪国なので、冬場は乾くのに1週間もかかっていました。それでも、外に干すと春は花粉がつくし、秋口はカメムシなどの虫がつくのが嫌で嫌で……。

引っ越しして、1週間も部屋干ししておけるスペースがなくなったため、家で洗濯だけして、乾燥はコインランドリーに頼ることに。1週間でバケツ2つ分、8・4kgの洗濯物が出ます(夫婦2人暮らし)。乾燥機は100円/8分で、約30分で完全に乾きます。つまり、1週間400円。1年で1万9200円、5年で9万6000円。乾燥機付き洗濯機を買ったら約13万円かかるとして、月々の電気代も今より上がり、仮に使用期間を7年としてもコインランドリーの方が安い。

コインランドリーに頼ることで、ハンガーにかけて干して……という作業からも解放されました。「干さなくていい」と思うと、大嫌いだった洗濯も少し気楽にできるようになりました。

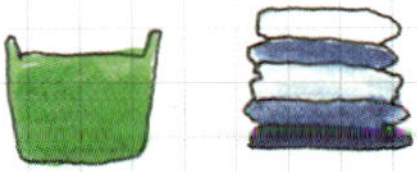

「洗濯物を干す」という作業を断捨離しました

引っ越す前は、ろう下で部屋干ししていましたが、冬場は乾くのに1週間もかかっていました。それでも外で干すと、花粉もつくし、

カメ虫がたまについていたりするのが嫌で…。引っ越して部屋干しスペースがなくなったので、コインランドリーで乾燥することに。快適です!!!!

乾燥代
¥400/1week

ヨガを始めて頭もスッキリ

地元の青少年ホーム主催のヨガ教室に通い始めました。ありがたいことに会費は無料！　ヨガマットも買いました。「首の後ろまでリラーックスー……」。女性の先生のきれーーな声が響く中、照明を落とした部屋でポーズをとっていると、なぜか幼小中学生の頃の何気ない思い出の映像がパッと浮かぶんです。

中学生の頃、ファミレスに座って窓から眺めた風景。カラオケの帰りに間違えて自分のバッグにマイクをしまおうとしたこと。特別仲が良かったわけではない友達の家で火曜サスペンスを見ていた風景。パッと映像が浮かんで、「これなんのことだったっけ……、あ、中学の頃に見た光景か」と、思い出がよみがえる、ということが起こりました。どれもこれも、全く印象深くない場面ばかりで、思い出すのも10年ぶりのものばかり。

なぜでしょう。ヨガってそういうものなのかな？　それともたまたま？　はたまた瞑想状態？　よくわかりませんが、1時間のヨガが終わると、脳がスッキリして、気持ちよかったです。

ヨガはじめました

青少年ホームでやってるヨガ教室に通いはじめました。
なぜか、小学生・中学生の頃に見た映像が
パッと目に浮かぶ、ということが次々と起こって
不思議でした… 気持ちの良い時間でした。
妙〜に脳がスッキリしたというか。良かったです。

食事中は「味わうこと」に集中する

食事中にテレビを見るのをやめました。代わりにラジオを聴くようになりました。先日、『フランス人は10着しか服を持たない』を読んで、取り入れたいと思ったのが、「食事を味わうこと」に集中する、ということ。

これまではテレビに目を奪われ、食事を目で楽しんでいませんでした。目で楽しまないとなんとなく食材を口に運ぶだけで、無感動に食べるのがむなしいと思いました。我が家では夫婦2人で食べるのは夕飯だけ。その時間が、ただのカロリー摂取の時間になるってさみしい。食べる時は「味わうこと」に集中し、目でも舌でも味わって、目の前の食事を思い切り楽しみたい。

ラジオは音だけなので、味わうことを邪魔しません。音だけなら、iTunesのお気に入りの曲でもいいですが、ラジオは新しい情報や、知らなかった曲に出会わせてくれます。偶然の出会いをつくってくれるのが、ラジオの面白さだと思います。ラジオは無く、ものも増やしたくないので、macやiPhoneで「radiko.jp」を聴いています。

ラジオのある暮らし

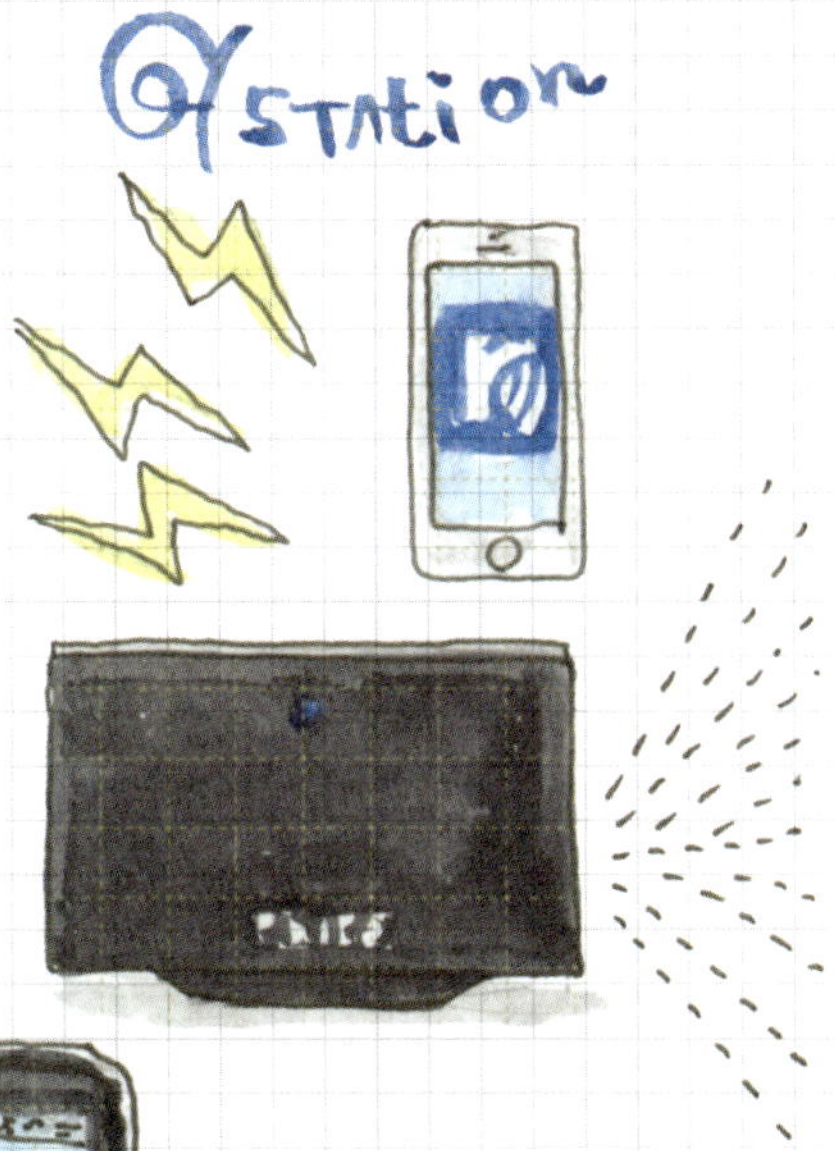

radiko.jp

食事中は、TVをやめて、ラジオを聞くようになりました。macかiphoneで、radiko.jpで聞いています。TVは目を奪われますが、ラジオは音だけなので「味わうこと」を邪魔しません。itunesのプレイリストで曲を聞くのと違って、ラジオは新しい情報や、知らない曲と出会わせてくれるところも好きです。

好きな香りのスプレーでやる気をアップ

洗濯物にアイロンをかける時、床を拭き掃除する時に使うスプレー水は、自作しています。作り方は簡単。スプレーに水をいっぱい入れ、アロマオイルを垂らすだけ。これで2週間くらいはそのまま使っています。

いい香りがするスプレーがあると、それを使いたくなります。毎日のアイロンがけや床の拭き掃除など、面倒に感じてしまいがちな家事のやる気もアップ！

インスタグラムで頂いたコメントで、アロマの使い方として勉強になったのが、虫除けやお風呂に使うというもの。殺菌作用があるとのことなので、虫除けにも使えるとは、なるほど！

ただ、お風呂に垂らすとなると、お肌への影響が気になります。そこで調べてみると……、5滴以内に収めること、お肌のデリケートな3歳児未満のお子さんの入浴には使わないことに注意すればよいようです。

自分の五感を楽しませる暮らしがしたいと、最近はしみじみ思います。ものを減らす作業が終わったら、暮らしの中の幸せ度を上げたいなと思います。

FLAVOR SPRAY

アイロンをかける際のスプレー、床をふきそうじする時のスプレーは、水にアロマオイルを2〜3滴混ぜています。ベルガモットを混ぜると、ちょっと紅茶っぽい？さわやかな香りが広がって心地良いです！

自分の欲求がわかると決断も楽に

最近の現象なのですが、今は、自分が食べたいものが以前より正確にわかります。食べたいものくらいわかるだろう！　と言われそうですが、これまではうすらボンヤリとしかわかっていませんでした。それが最近は、その食物の成分を体が要求している感じがする、とでも言いましょうか……。夕食後に「今日は塩分が足りなかった」とか、残業後に「油っこいものを欲している」とか、鮮明に食べたいものが掴める感じがするのです。

これは、断捨離を続けたことによる効果ではないか？　と睨んでいます。「今」にフォーカスする断捨離を続けて、「今必要なものセンサー」が発達したのかな、と考えています。

このセンサーを鍛えていけば、今本当に欲しい服とか、本当に取り組みたい仕事とか、本当はやりたくない事柄とかがハッキリ見えてきそうですね。日々の中で何が面倒かって、考えて決断すること。自分の欲求が明確にわかり、判断・決断が楽にできるこのセンサーを鍛えてみたい！と思う今日この頃です。

最近は
自分の食べたいものが
何なのか分かるように
なりました

最近は今欲っしている食べ物が分かります。お腹が満たされた後でも「塩気が足りなかった」とか「甘ずっぱいブドウが食べたい」とか。断捨離で「今、必要か？」と、今にフォーカスし続けた結果、今要るものが分かるセンサーが発達したのかな？

「朝家事」で気分よく出社する

最近は、朝に家事を済ませています。朝食をとって洗顔してお弁当を用意して化粧したら、家事タイム突入。毎日大体15分くらい家事をしています。

毎日行うメニューは洗い物と床にクイックルワイパーをかけること。それに加えて、1日にひとつプラスアルファのお掃除(天井と壁を拭き掃除、和室を拭き掃除、窓拭き掃除など)。

仕事から帰ってからは家事をする気が全然起こりません。買い物と料理とお風呂掃除と入浴で精一杯です。残業をすることも多々あります。はっきり言ってエネルギー切れです。

眠ってリフレッシュした朝は、エネルギーが満ち溢れています。掃除も気楽に取りかかれるし、洗い物もつらくありません。朝に家事をこなすことで、むしろ元気になるのです。

朝に家事をこなすようになって、部屋をきれいに保ちやすくなり、夫婦でのケンカが減った気がします。部屋が乱れているとイライラしがちですが、きれいだとお互い機嫌よく、夫婦仲も良好になるようです。

朝家事のススメ

朝、出社する前に家事を
済ましています。毎朝の
メニュー：洗い物（食器）、
クイックルワイパー、
1日に1つプラスアルファ：
床、天井ふきそうじ、
和室ふきそうじ、等。
朝はエネルギーが
あふれていて、家事が
苦でないです。
そうじを
こなすと
達成感で
むしろ 元気になります。
朝パワー、おそるべし。

ミニマリストにおすすめのスピーカー

少し前から、BOSEのスピーカー「SoundLink Mini」を使っているのですが、とっても調子がいいです。小さい・コードレス可能・高音質！　三拍子揃ったスピーカーです。

前はコードがあるスピーカーを使っていました。コンセントをつなぎ、スピーカーとPC（もしくはiPhone）もコードでつなぐ必要があり、A4の縦半分くらいのサイズ感でスツールにスピーカーを載せていました。

BOSEのスピーカーは、充電したら完全コードレスが実現します。しかもブルートゥース接続が可能。持ち運べて、とてもコンパクトなのでどこにでも置けます。おかげでスピーカー用のスツールをなくせました。

わたし、実を言うと音質云々はよくわかりませんが、前のスピーカーより音がいいということはわかります。素人でも違いがわかるくらいなので高音質なんだなーと思います。

コードをなくしたい人、コンパクトなスピーカーを探しているミニマリストにぴったりの品ではないでしょうか。

BOSE
SoundLink Mini

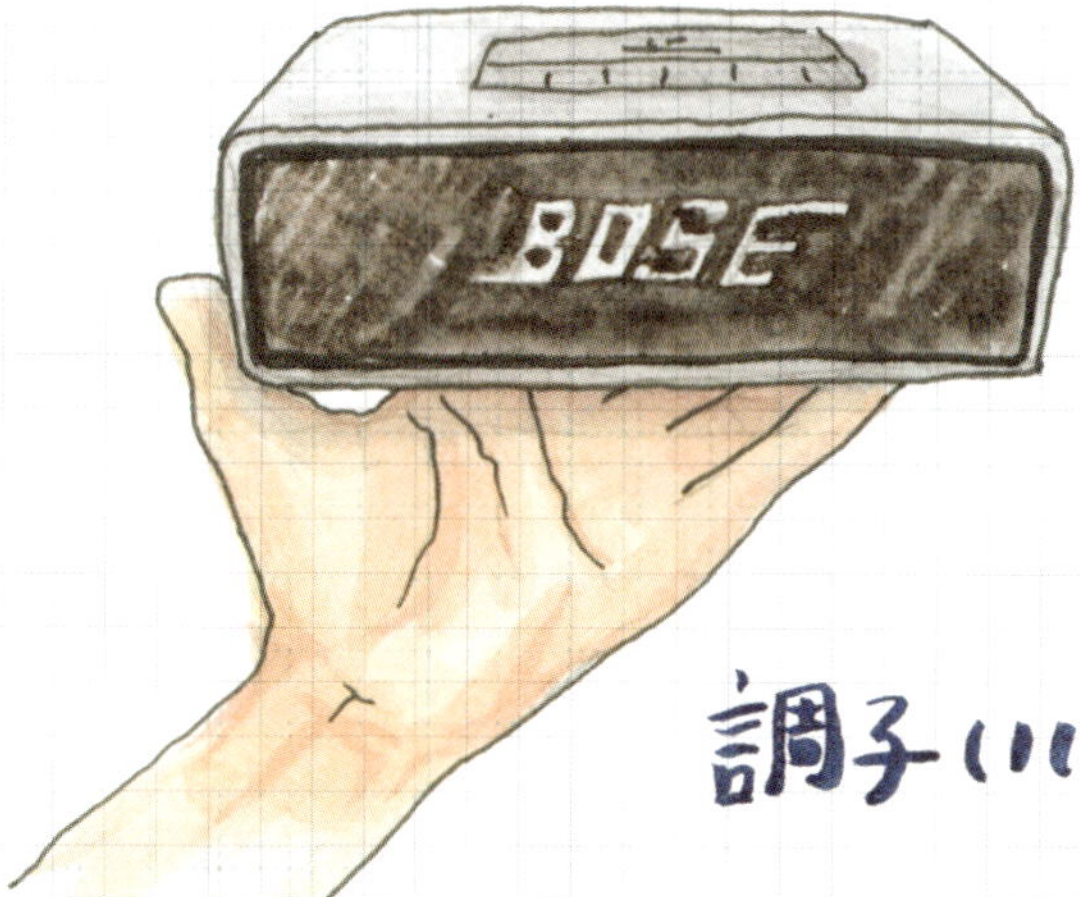

調子いいよ♪

コンパクト・軽い・高音質!!なスピーカーを
買いました。ブルートゥース接続でコードレスな
ところがいいです。持ち運べて7時間連続再生可能。
場所をとらないところが一番気に入っています。
おかげでスピーカーを載せていたスツールを
なくすことができました。

掃除道具の掃除で、やる気をあげる

掃除機をかけようと思い、まじまじと見ていたら、ホコリがたまっていてゲンナリしました。思えば、掃除道具を使う時って、その道具を使って落とす汚れにフォーカスしています。例えば、掃除機なら床のホコリや髪の毛、スポンジなら洗面所のボウルとか食器についた油汚れ。その汚れを落としたい一心で、掃除道具についた汚れは目に入っていない。

汚れた掃除機で部屋を掃除するってどうなの？　と思って濡れたウエスで拭き上げてピカピカにしました。すると、急に掃除機という存在が身近に感じられ、愛着が湧いてきました。また、掃除機がピカピカという事実それだけで、「道具がピカピカで嬉しいなー。よし掃除しよう」と、ちょっと楽しみな作業に思えてきたのが驚きでした。

掃除道具についた汚れは、目に入っているのに見えていない。それが心にささやかなストレスを与えているのだと思います。そのストレスがなくなるだけで、人生の快適度が地味に底上げされるような気がしています。

掃除道具のお掃除デー

部屋の掃除をするのに気がいって、掃除道具の掃除って忘れがちです。掃除機がホコリで汚れていたりするとゲンナリします。ウエスでピカピカに磨きあげたら、掃除機に愛着のようなものが湧いてきて、掃除機をかけるという作業が、ちょっと楽しみなことのように思えてきました。これから月1回でも掃除道具を掃除する日を作ろうと思いました。

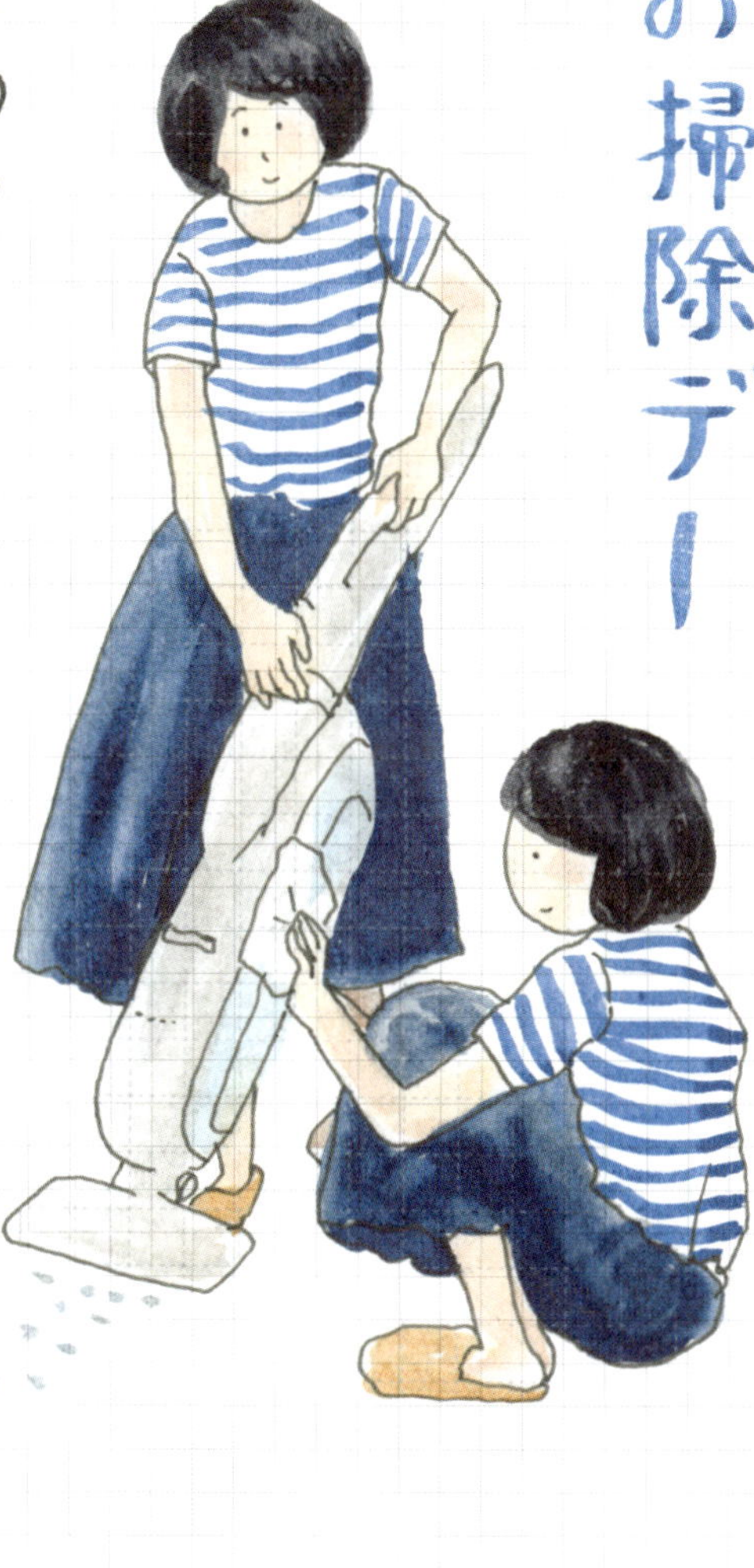

ミニマリストのプレゼントは消え物

人に贈るプレゼント、すごく悩みませんか？　断捨離を進めると必ずぶち当たるのは、「好みじゃないプレゼント、捨てていいものか？」問題。もらった気持ちが大事だった訳だから、写真に撮って捨てる。という意見がミニマリストには多いです。となると、いつか捨てられるものを贈ってもしょうがないのでは？　と思ってしまいます。

友人へのプレゼントを選ぶ時に考えたのは、「将来的に断捨離の対象にならないもの（＝インテリアや趣味性の高いものはNG）」「食べたり使ったりして消費できるもの（＝消え物）」「自分では買わないけど、もらったら嬉しいもの（＝普段よりちょっと豪華な価格の日用品）」。

この3つのポイントを踏まえて選んだのが、味噌屋さんの「お味噌（糀味噌＆赤味噌）＋生しょうゆ　豪華朝食セット」。

スーパーで売っていないし、ちょっぴり高価なお味噌なので、自分では買わないけどもらったら嬉しい。そして消え物！　友人には、とっても喜んでもらえました。

友達夫婦への誕生日プレゼントに

大のや

醸造

しぶい化粧箱に入ってる。

味噌&しょうゆ
詰め合せ
を
選び
ました!!

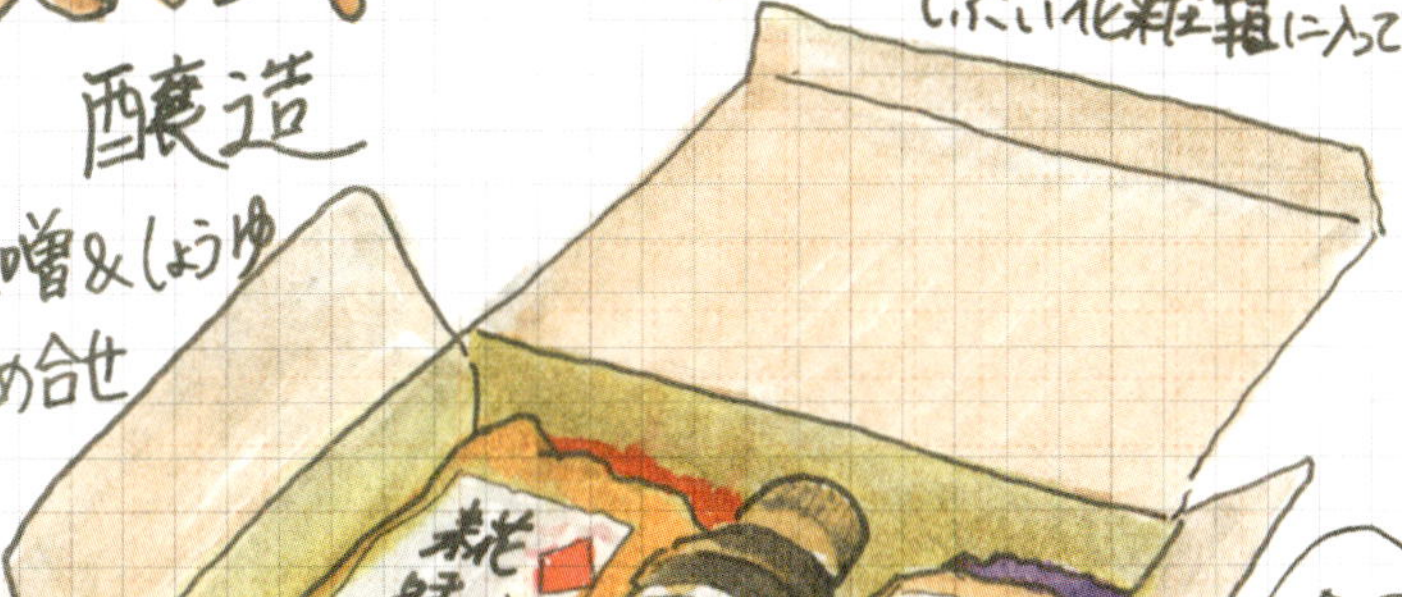

これが食べたいって
今日話してたの!!

と言って
喜んでもらえました♡
……ゴクゴクのめるうまさ。
(やや東海な味にしあがる)

飛騨の
味噌セット「朝一番」

- 糀花味噌:赤味噌=1:1 → ノーマルな味噌汁に。
- あおさ汁なら→糀花味噌 only をオススメ。

「何もしない」で心が安らぐ

温泉好き、中でも日中に露天風呂に入るのが大好きです。展望風呂だとなおよし。遠くの山々を眺めながら、完全に無になります。のぼせそうになったら足や腕をお湯から出して温度調節。

この景色の先は故郷の街につながっているんだなあ……などと考えるとちょっと嬉しくなったり。仕事で忙しく、体も心もお疲れの時は、こうした何もしない時間が欲しくなる。

先日、休憩所に併設されたマッサージにかかってみました。慢性的に頭が痛かったので、頭を中心にマッサージを受けようと入店。しかし、お姉さんに「頭痛は肩と首のコリからきてる」と言われ、肩と首20分コースを受けることに。マッサージを終えると、びっくりするほど頭がスッキリしていました。

何もしないで、ただのんびりする。何も考えないでぼーっとする。仕事が忙しいと、そういう時間がなかなか持てません。すると、体も心も疲れてきます。「何もしない」はとても贅沢な時間の使い方。定期的にこの時間をもちたいと思います。

何もしない をする

ここ1ヶ月程、仕事がとてつもなく忙しく、21時や22時に終わることもザラでした。一段落したので、思い切り休もうと思い、温泉へ。山々を眺めて、ただぼーっとする。
この何もしない時間がずっと欲しかったので嬉しいです。
その後、肩〜首のマッサージを受けて、頭がスッキリしました。
「何もしない」時間は、とても贅沢。定期的にとりたい時間です。

ミニマリストになって、よかったことは？

ものにあふれていた以前は、休みの日もただソファに横になって夕方頃になると「ああ、今日も何もできなかった」と自己評価がどんどん下がっていくような感覚がありました。

以前は、夫と主に家事の分担についてよく喧嘩していたように思います。今はものが減って「片付け」という作業が必要なくなり、掃除がすごく楽になりました。

わたしにとって、「家事（片付け・掃除・洗濯）＝ストレスで、夫への怒りが募るもの」だったのが、毎日楽しい気分にしてくれる作業に変わったのです。同じ行為をしていても、180度違う気分で過ごせるように。すると夫との喧嘩が目に見えて減りました。

またいつも何もないところにものがあると少し心が乱されます。脱いだ靴下をちゃんと片付ける、食べ終わった食器を流し場に持っていく。いつも綺麗に片付いているとイライラせずにいられます。日常の中でごきげんに過ごせる時間が増えたなあと感じています。

ミニマリストになって よかったこと

家事が好きになったこと

モノが減って、モノの置き場がキチンと決まったので使ったらしまうだけ。「片付け」という作業がほぼ必要なくなり、掃除もとっても楽ちんに。

昔はキライだった家事、今は朝日の中でやると心地良く、好きな作業に。

夫婦仲が良くなった

以前は家事の分担でよくモメてケンカになっていましたが、家事がキライでなくなったおかげで、わたしがすすんで家事をするようになり、目に見えてケンカが減りました。

日々、ごきげんに暮らせるようになった

部屋をキレイに保てるようになって、イライラすることが減りました。
落ち着いて過ごせるようになって、自分の家が好きになりました。

夫婦対談

夫婦でミニマリストになる方法

―― パートナー2人ともミニマリスト、というのは珍しいですが、始めるきっかけはなんだったんでしょう。

おてみ　去年までは、新築の家を建てようとしていたんです。気に入った土地も見つけて、見積もりも取っていて。

おふみ　私はトランポリンが跳べるような大きな部屋を作りたかったんです。

おてみ　ぼくはアウトドアリビングが欲しかった（笑）。今とはまったく違う、マキシマムな家を建てようとしていました。

おふみ　図面までしっかりできていたけど、ずっと同じところに一生住むのも嫌だな、と思ってしまったんですよね。

おてみ　ぼくもそれには納得して、「家を持たない暮らし＝賃貸暮らし」をネットで検索してたりしていたんです。

おふみ　そこで何を間違ったのか、私が「持たない暮らし」で検索をして……。

―― そこからミニマリストにはまっていったと。でもいきなり奥さんがミニマリスト志向になって、納得できましたか？

おふみ　私は毎日、呪文のようにお気に入りのミニマリストブロガーさんの名前を唱えてました(笑)。

おてみ　最初は、何言ってるんだろうと思いました。この人、急にどうかしたのかと思って(笑)。

おふみ　同時に私のものから断捨離を始めていったんです。

おてみ　だからちょっとずつでしたね。ぼくも影響されて。ものの管理にかかる手間や、時間から解放されたり。ぼくもすごくメリットを感じていきました。会社のデスクも整理して、パソコンのアイコンも置かないようにすると効率があがって、30分ぐらい家に早く帰れるようになりましたし。

おふみ　それは気づかなかった(笑)。

――　以前のものが多い生活では、けんかも多かったようですね。

おふみ　雪国なので、雪かきも大変だし、洗濯物を干すのも寒いし。掃除をしてればしてたで、「なんでわたしばっかりがやらないとダメなんだろう」って。家事をする度にすごくイライラして。

おてみ　そのイライラが時々、爆発して罵り合いに(笑)。

――　今の穏やかな2人からは、想像できません(笑)。

おふみ　ものを減らして、本当に掃除も簡単になりました。今は、朝に窓を開けて、明るい中掃除をしていると、逆にお掃除ハイみたいになって。

おてみ　ケンカも減りましたね。綺麗な家をキープしてくれてるのは本当に感謝してます。綺麗で落ち着いた部屋だと、仕事から帰ってきても「回復力」があがったように思います。

――　ものを減らして、小さい家に引っ越して、本当にいろいろ変わったんですね。

おふみ　単純に家賃も下がりましたし、広い家だとどうしてもたくさんの照明を使っていたので今は光熱費もだいぶ下がりました。

おてみ　以前は、ものを減らさずに、ものが収納できるもっと広い家を建てようとしてたので（笑）、だいぶ考えが変わりましたね。

―― パートナーがものを捨ててくれない、ということに悩んでる方が多いんですが。

おふみ　相手のものは勝手に捨てないことが大事ですね。まずは、自分のものを減らして、その姿を見て相手が興味を持ってくれるかもしれないですし。

―― 2人の共有のものはどうでしょう？

おふみ　例えばテレビ台のような共有のものは、まず私が捨てたいってアイデアを出してみて。

おてみ　ぼくもそれに応えて、じゃあまずやってみようかって。「新しいカフェができたから行ってみようよ」って誘ったりしますよね。ものを減らすときもそれぐらい気軽な気持ちでまずは試してみるのがいいと思います。その結果なくてよかったなと思うものはたくさんありましたし。

おふみ　この人は服が好きでたくさん持ってたんですけど。私が好きなブロガーさんのすっきりしたクローゼットを見せたら「いいな」と思ってくれたようで、自発的に減らし始めてくれたりしました。そういう地道な努力もしたり（笑）。

―― 今後もお2人のミニマリスト生活は続いていきそうですか？

おてみ　ミニマリストというと、極端にものを減らしているイメージがあるし、自分たちとは違う人種のように思われるかもしれません。でも、ぼくたちみたいにパッと見て普通とそんなに変わらない、気軽なミニマリストが広がってもいいと思っています。今でも充分にものを減らしたメリットは感じますし、少しずつ身軽になっていくことって、特別なことでもないと思います。

おふみ　今はものを減らすことも落ち着いて、自分が快適でいられる適量になったと思います。ですが、これからも身軽でいたいという気持ちは変わらないので、今後もミニマリストでいたいと思いますね。

あとがき

「ものを減らして身軽になりたい」と思っていた時に、手帳売り場でほぼ日手帳を見かけて、

「断捨離や持ち物にまつわる事柄を絵日記にして描いていけば、365日目にはすごく身軽になっているのでは？」

「絵日記を公開して人に見てもらえれば、ズボラなわたしでも続けるモチベーションになるかも」

と思い、絵日記を描き始めました。

たくさんの「いいね！」に支えられ、日々の更新を続けることができました。

そして今、書籍という形でわたしの絵日記を見ていただけることをとても嬉しく思います。

最後に、ワニブックスの佐々木典士さん、デザイナーのタキ加奈子さん、ライターのAGITOさん、
そして応援してくださったブログの読者様、instagramのフォロワーの皆様、この本を手にとってくださった皆様、
人生を考え直すきっかけをくれた人たち、
そして本書執筆中支えてくれた夫と家族に感謝しています。
これからも穏やかで楽しい暮らしを追求して実験を繰り返していきたいと思います。
本当にありがとうございました。

ミニマリスト日和

著者　おふみ

2016年1月10日　初版発行
2016年3月25日　3版発行

発行者　横内正昭

編集人　青柳有紀

発行所　株式会社ワニブックス
〒150-8482　東京都渋谷区
恵比寿4-4-9えびす大黒ビル
TEL　03-5449-2711(代表)
03-5449-2716(編集部)

印刷所　凸版印刷株式会社

DTP　株式会社 アレックス

製本所　ナショナル製本

デザイン
タキ加奈子(soda design)

ライター
村次龍志
AGITO

校正
玄冬書林

編集
佐々木典士

Special Thanks
おてみ

ワニブックスホームページ
www.wani.co.jp

WANI BOOKOUT
www.wanibookout.com

 ISBN　978-4-8470-9414-9